JN039719

中世武士選書 50

美濃土岐氏

平安から戦国を駆け抜けた本宗家の戦い

横山住雄 著

戎光祥出版

刊行にあたって

本書の著者である横山住雄先生は、濃尾地方の中世地方史・禅宗史の研究者として著名である。弊社でも『織田信長の尾張時代』『斎藤道三と義龍・龍興』『斎藤妙椿・妙純』（いずれも中世武士選書シリーズ）を刊行させていただいた。また、同じく中世武士選書シリーズの一冊として、美濃国を地盤とした土岐氏の一族の歴史をまとめてほしいとお願いし、ご快諾をいただいた。しかし、本書の第Ⅰ部部分となる土岐本宗家の通史についての原稿をお送りいただき、つづけて土岐一族の歴史についてご執筆いただく予定になっていた矢先、令和三年（二〇二一）にご逝去された。

土岐本宗家の通史部分だけでは一冊の分量にならなかったため、どうすべきか長期間検討した結果、これまでの学恩に感謝し、貴重なご研究を埋もれさせるのは忍びないということで、それ以前にお預かりしていた、横山先生がそれまでに発表された土岐氏周辺に関する論文を第Ⅱ部としてまとめることにした。第Ⅰ部と第Ⅱ部で一部内容の重複があるが、以上のような事情に鑑み、ご容赦いただきたい。本書を横山先生の御仏前に捧げます。

二〇二四年三月

編集部

目次

第Ⅱ部　土岐氏の歴史を掘り下げる

飛騨国
信濃国
大宝寺
賀茂郡
永安寺
細目・米田館
大井城
古井
愚渓寺
恵那郡
顔戸城
萩之島城
可児郡
鶴ヶ城
東禅寺・円明寺
定林寺
永保寺
土岐郡
崇禅寺
三河国

土岐氏関係地図(美濃国)
越前国
郡上郡
美濃国
本巣郡
山県郡
池田郡
根尾城
大桑城
武儀郡
大野郡
岐礼
南泉寺
小島
瑞巌寺
各務郡
方県郡
本郷城
禅蔵寺
席田郡
福光館
加納城
長森城
承隆寺
革手城
赤坂
墨俣
鵜沼・承国寺
不破郡
安八郡
多芸郡
石津郡
八神城
尾張国
伊勢国

凡例

一、本書は、著者の横山住雄氏の遺稿となった美濃土岐氏本宗家の歴史を解説した原稿を第Ⅰ部「源氏の名門・土岐氏の興亡」、横山氏が生前発表された発表された論考八本を第Ⅱ部「土岐氏の歴史を掘り下げる」として構成し、『美濃土岐氏』として刊行するものである。第Ⅱ部の既発表論文について、明確な誤字・脱字は修正をおこなった。また、体裁・表記の統一をおこなうとともに、横山先生からお送りいただいた資料に付されていた修正を反映した。

一、本書刊行にあたり、著者の著作権継承者である横山晋治様から御協力を頂いた。また、写真掲載や被写体の特定等にあたっては、掲載の御協力を賜った博物館・教育委員会・関係機関の御協力なしには不可能であった。併せて感謝の意を捧げたい。

編集部

第Ⅰ部　源氏の名門・土岐氏の興亡

土岐頼純画像　東京大学史料編纂所蔵模写

第一章　平安・鎌倉時代の土岐氏と美濃

土岐氏の系譜と「土岐」を名乗り始めた時期

土岐氏は、平安時代の清和天皇の皇子貞純親王（母は棟貞王の娘）から興った源氏、いわゆる清和源氏である。流れを示すと系図1のとおりである。

貞純親王の子経基王（母は文徳源氏　源　能有の娘柄子）は皇籍から離れて臣籍降下し、源経基と名乗った。系図1のように、経基から源頼国まで、四代にわたって美濃国の国司（国ごとに置かれた行政長官。美濃守）をつとめており、土岐氏は美濃国にしっかりと根を下ろすことができたのではないかと思われる。その後の国房・光国たちの動きから見ると、頼国までの代々が権益を有するようになったのは、主として土岐郡（現在の岐阜県土岐市全域、瑞浪市の大部分、多治見市の一部）内であろう。

秋本信英氏は、はじめて土岐氏を名乗った人物について、

①国房説：典拠は「土岐斎藤軍記」（『続群書類従』）、「土岐累代記」（『続群書類従』）、「見聞諸家紋」（『群書類従』）。

②光国・光信・光基説：典拠は『続群書類従』の土岐系図三本、同多治見系図、同明智系図。

③光衡説：典拠は「尊卑分脈」（『新訂増補国史大系』）、土岐家伝系図、「江濃記」（『群書類従』）、「村

庵小稿」(『続群書類従』)。の三説をあげ、③が穏当のようだとする（秋本一九六七）。源光国のあとこの家は光信・光基と続くが、当時はいずれも京都を基盤に活動する在京的性格が強く、光基の養子（源光長の子で光基の甥）の光衡がはじめて土岐左衛門や郡戸判官代と称し、美濃国土岐郡に強い土着性を有するようになるとみている。

一方、時代は下るが禅宗の語録等に収められた肖像賛をみると、次のようにある。

A　土岐頼貞画像賛（「村庵藁」〈『五山文学新集』〉）

土岐伯州源頼貞公画像并序

（中略）伯州五世孫の京兆君（左京大夫成頼）、其の画像并家牒を以って、相い示し予に賛を索めんことをしめす。（中略）しかして光衡を生ず。始めて土岐を食采す。

B　土岐正庵居士（頼世）画像賛（「懶室漫稿」〈『五山文学新集』〉）

土岐正庵居士

（中略）満仲公、其嫡嗣頼光公、（中略）濃州刺史光衡に逮ぶ時、始めて土岐を食邑し、今七

清和天皇――貞純親王――経基王（賜源姓 美濃守）――源満仲（美濃守）――頼光（美濃守）――頼国（美濃守）――国房――光国

系図1　清和源氏略系図（1）

世に及ぶに皆土岐を称す。惟れ我が形部郎中の頼世公は、（後略）

画像賛の作者・仲方円伊は、京都の建仁寺や南禅寺の住持をつとめた禅僧で、応永二十年（一四一三）八月十五日に六十歳で亡くなった。また、土岐頼世（頼忠。正庵真兼居士）は応永四年八月十一日に亡くなっている。さらに、土岐頼康の画像賛には次のようにある。

源経基を祀る六孫王神社　京都市南区

Ｃ　土岐頼康公画像賛（「葛藤集」一五二丁）

（頼政）八世光行始めて土岐（後略）。

光行は光衡の兄であるが、光衡に子が無かったためにその養子となった。Ａ・Ｂ・Ｃ三点の史料中では最も遅く土岐を名乗ったと記されている。

土岐氏の研究成果

土岐氏は、平安時代から戦国時代にかけて、美濃国に蟠踞した武士である。平安・鎌倉・南北朝・室町・戦国と長い間に幾人もの著名人を輩出したことで知られている。

岐阜県では、大正時代に刊行された『濃飛両国通史』をはじめとして、昭和四十年代の『岐阜県史』

や昭和五十年代の『岐阜市史』にとり上げられて、よく知られている。また、渡辺俊典氏による『美濃源氏土岐氏主流の史考』（土岐氏歴史研究会、一九六七年）や同『土岐氏主流累代史 全』（岐阜県瑞浪市土岐氏主流累代史全発行会、一九八八年、一九九三年再刊）、および谷口研語氏による『美濃・土岐一族』（新人物往来社、一九九七年）で土岐氏の歴史を通覧できる。

渡辺氏は土岐氏を概観し、また一世一ヶ寺の菩提寺を取り上げ、『土岐氏主流累代史 全』では、これに加えて土岐氏関連の城を取り上げている。一方、谷口氏は土岐氏を通観するとともに、土岐一族の歴史をアイウエオ順に詳述している。いずれも土岐氏の歴史を知るうえで貴重な成果である。

清和源氏の末裔

室町時代中期の臨済宗僧季弘大叔（きこうだいしゅく）が記した『庶軒日録（しゃけんにちろく）』によると、文明十八年（一四八六）五月一日条に、

土岐は頼実（よりざね）の苗裔なり。源三位頼（政）友の后に非ず。世人これを知らず。源の三位の裔となす也は、太いに非なり。頼実は平日住吉の神に祈る。名歌一首を求む。名

満仲—頼光—頼国—┬頼岡（綱）—仲政—頼政 従三位
　　　　　　　　├頼実—土岐之先乎
（一般説）　　　└（国房—光国—光信—光基—光衡—光行）

系図2　土岐氏略系図（1）

歌を得れば即ち世寿はその半ばを減ず。（後略）

とあり、前ページのような系図（系図2）を掲げている。

土岐氏が清和天皇の末裔というのは確かで、第五十六代・清和天皇のあと、次のように続く（「尊卑分脉」系図による。各記述は抄出）。

貞純親王

清和天皇の六男。四品。上総・常陸等の大守。中務卿。

延喜十六年（九一六）五月七日薨。六十四歳。

経基王

貞純親王長男。号六孫王。鎮守府将軍。筑前・信濃・美濃・但馬・伊予等の守。内蔵頭。右衛門権佐。上総介。大宰大弐。正四位上。兵部少輔。左馬頭。

天徳五年（九六一）十一月十日卒。四十一歳。

満仲（みつなか）

経基王長男。鎮守府将軍。摂津・越前・武蔵・伊予・美濃・信濃・下野・陸奥等の守。上総・常陸・武蔵等の介。

寛和二年（九八六）八月十五日出家。長徳三年（九九七）卒。八十五歳。

頼光（よりみつ）

満仲長男。尾張・備前・但馬・讃岐・伯耆・淡路・摂津・伊豆・信濃・下野・伊予・美濃等の守。上総・上野介。正四位下。

治安元年（一〇二一）七月二十四日卒。

頼国

頼光長男。美濃・三河・備前・摂津・但馬・伯耆・讃岐・紀伊等の守。上総介。

母は伊予守藤原元平女。

※山梨県笛吹市の長昌寺所蔵、大般若波羅蜜多経の奥書に、次のような頼国の筆跡が残されている。

（巻二八九）（巻二八六もほぼ同文）

維時（これとき）　長元五年

皇都鎮護将

従五位下摂津守源朝臣

奉三宝弟子　　頼国謹書、

頼実

頼国三男。蔵（人）。使（検非違使）。従五位下。左衛門尉。

母は播磨守藤原信理女。配流土佐国。

頼綱

頼国五男。三河守。従四位下。蔵人。下総・下野守。検非違使。左衛門尉。
母は尾張守藤原中清女。永長二年（一〇九七）七月十二日出家。七十三歳。

頼綱は多田と号して、曾祖父ゆかりの地である摂津国多田荘（兵庫県川西市全域および宝塚市北部、三田市東部、猪名川町全域）にいて、美濃には土着しなかった。だが、その子国直は山県三郎と称して美濃国山県郡に住し、その子孫は頼清・国盛・国綱をはじめとして山県を号した。そして中には、落合三郎国時（国直の孫）、蜂屋冠者頼俊のように、落合（所在不明）や蜂屋（加茂郡。現在の岐阜県美濃加茂市）に勢力を培ったものもいる。なお、頼俊は後鳥羽上皇方と鎌倉幕府方とが衝突した承久三年（一二二一）の承久の乱で京方に味方して討ち死にした（「承久記」）。

源義綱と美濃国

十一世紀末頃に美濃の国司である美濃守だったのは、頼綱・国房の祖父頼光の弟の孫にあたる義綱であった。源義綱は嘉保二年（一〇九五）に従四位下・美濃守となった。これはその前々年、平師妙・師季父子が出羽守・源信明の館を攻めた反乱を陸奥守として平定した功による。しかし、義綱の父頼義は、頼光・頼国のようには美濃に直接的な関係をもたず、義家・義綱・義光の兄弟は、いずれも奥州征伐に功があったものの、美濃に土着することはなかった。義綱の子義明と義仲がそれぞれ美濃三郎、美濃四郎と称したが、美濃源氏はすでに頼国の子孫らによって、各地にその勢力を扶植していたので、義綱の一族はあまり美濃に勢いを振るうことはできなかったのであろう（『岐阜県史』通史編古代）。

義綱の兄義家は、奥州での前九年の役と後三年の役で軍功を立て、その躍進ぶりは政治的にも経済的にもめざましかった。そこで、義家の勢力が大きくなると、その伸張を恐れて堀河天皇の時代の寛治六年（一〇九二）には、義家が権利をもつ諸国荘園の停止を命ずる宣旨が下された。そして、義家に代わってその勢力を制するために、弟の義綱が重く用いられるようになったのである。

「皇太神宮式帳」によれば、当時伊勢・美濃・尾張・三河・遠江の五ヶ国から、国郡司おのおの一名が役夫をひきいて伊勢神宮造営のことに参加することになっていたが、内宮は承保三年（一〇七六）、外宮は承暦二年（一〇七八）、役夫工米（伊勢神宮の式年遷宮のために造営費用として諸国の公領・荘園に賦課された臨時課税）が全国に賦課されていた。

義綱は美濃守に任ぜられると、この役夫工米の調達に取り組まなければならなかった。ところが、前年末に決定され、美濃に派遣された役夫工使（造営使催使）が、源国房の郎等（従者）によって暴行され、はずかしめを受けたのである。そこで義綱に、国房の郎等を捕縛し身柄を送るべきとの宣旨が下されたが、あれこれ言いわけをして応じない。また、寛治八年（一〇九四）には、美濃の法勝寺領で神人（神事や社務の補助、さまざまな業務を担った下級の神職）が住人に暴行される事件が起こっ

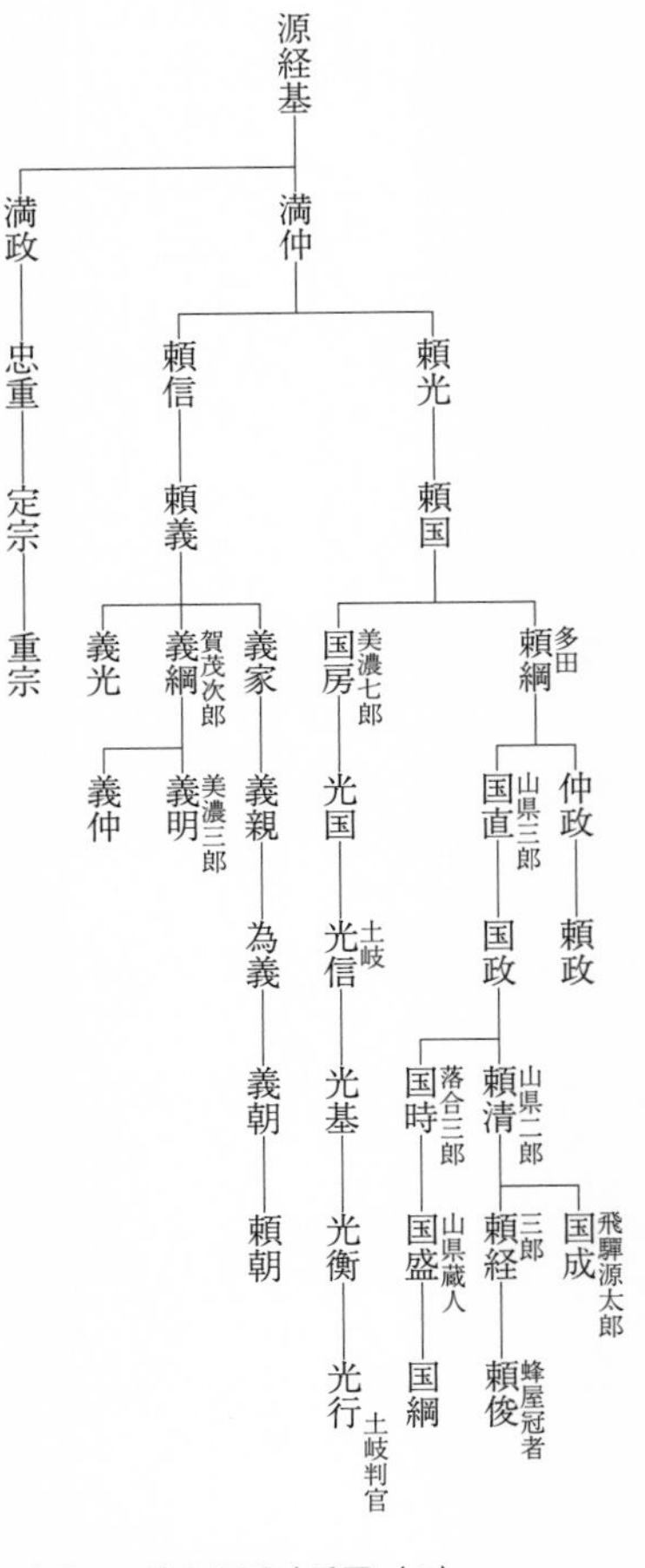

系図３　清和源氏略系図（２）

ているし、永長二年（一〇九七）の『中右記』の記すところによれば、米田荘の住人は太田荘の住人や信濃国の住人らと同様に「盗犯致害」をしたとし、検非違使に勘問（取り調べ）されることになったという。米田荘と法勝寺領とはどのような関係にあったか明らかでないが、とにかく住人すなわち民衆による暴行がここに起こっていることがわかる。これに対して義綱は手の下しようもなかったのである（『岐阜県史』通史編古代）。

また嘉保二年（一〇九五）、美濃の延暦寺領をめぐるトラブルから強訴が発生し、義綱の主人・藤原師通（藤原北家。師実の子）の命によって義綱らが派遣され撃退を図るが、その最中に義綱の手勢らが放った矢が神輿や神人に当たってしまった。師通は承徳三年（一〇九九）に死去するが、これは先の過失への仏罰のせいだともされ、主の師通を失った義綱の勢いが衰えてしまう。

義綱の兄義家が嘉承元年（一一〇六）に没すると、清和源氏の棟梁は義家の子で義綱の甥義忠（よしただ）が継承した。だが、義忠は天仁二年（一一〇九）に何者かによって殺害されてしまう。このとき、犯人と目されたのが義綱と子の義明で、義綱は一族とともに急いで京を離れ、近江の甲賀（こうか）郡へ逃れ去った。義綱は投降しようとしたようだが、子息たちは反対し自害、結局残された義綱は投降し、ついに佐渡に配流（はいる）の身となってしまう。のちに義忠殺害事件の真犯人は義家・義綱の弟義光と判明し、義綱らの無実が証明されたが、義綱はすでに天承二年（一一三二）に配流先の佐渡で自害してしまっていた。清和源氏の棟梁争いがこの結果を招いたといわれているが、加茂次郎義綱の哀れな末路であった。

平安時代の土岐氏

こうして、現行の土岐系図では頼綱のあと仲政（なかまさ）・頼政（よりまさ）と代を重ねてゆく。先ほどみたような、文明十八年（一四八六）に問題提起された頼実の子孫説は消えてゆくことになる。そこで、土岐氏の国房は一般に言われるように頼国の子なのか、あるいは頼実の子なのかをみてみたい。頼実と弟の頼綱は、二人ともに頼国の子として生まれた。頼綱の出生は一〇二五年である。すると、頼実は一〇二二年頃の誕生と思われる。国房は生没年がわかっていない。頼国の孫の光国の出生は一〇六三年なので、そ

国房・光国らの墓塔である源家の七塔　兵庫県川西市・満願寺

うするとその父である国房の出生は一〇四〇年～五〇年頃となる。そのように考えると、頼国と国房の間に、頼実を一代入れたほうが矛盾がないように思われる。つまり、頼国・頼実・国房という順に惣領が引き継がれていったということになるだろう。以下、国房以降の歴代の事跡をみていきたい。

【国房】

平安後期の堀河天皇のとき、長治元年（一一〇四）十一月、延暦寺は多度神社の神宮寺法雲寺（東寺の末寺）を天台宗の末寺とし、人を派遣してその社領と言い張り、尾張国大成庄（愛知県あま市）の地を押領しようとした。そのため、東寺は延暦寺の非道を朝廷に訴えた。

以前にも同じようなことがあったが、今回も東寺の勝訴に終わった。それでも比叡山の住僧仁誉は諦めず、飛鳥井為利という人物と共謀し、前伊豆守国房の力を借りて、大成庄押領の野望を達成しようとした。

これより二十五年前の承暦三年（一〇七九）に、国房は一族の左兵衛尉重宗と美濃で戦い、つづいて朝廷は源義家に命じて重宗を討たせたことがあり、国房はあなどれない力を保有していることがわかった。国房は仁誉の頼みに、みずから作成した下文と称して、天永元年（一一一〇）七月七日に多数の軍兵を率いて大成庄に乱入。庄田十余町歩を苅り取り、庄民の私財を掠奪したうえ、郎等平行忠を庄司（庄園現地の管理を担う役人）として庄務を執行させた。東寺ではすぐにその子細を朝廷に訴えた。朝廷は仁誉と国房に対して弁明を求めたが、二人ともにこれに応じなかった。その結末は明らかでないが、大成庄はその後も依然として東寺領として鎌倉時代に及んでいるので、仁誉と国房による実力行使は、ついに奏功することはなかったらしい。

国房は信濃・伊豆・土佐の守を歴任し、また治部丞もつとめた。正五位下（「尊卑分脈」）。

【光国】

国房の子。白河院に仕え、御幸に供奉している記事が散見される。また、永久五年（一一一七）と天治元年（一一二四）には、国房から受け継いだ私領の住人が美濃国茜部庄（岐阜市）を押領しているとして東大寺に訴えられたが、否定している（「東南院文書」）。そして大治元年（一一二六）八月には、茜部庄内の光国の私領について、西の境が二位家領として延久三年（一〇七一）に加納（本来認められた地域以外に耕作した土地）されるとき、茜部庄を十八町歩犯したと東大寺が訴えている（『濃飛両国通史』、太政官符）。これなども祖父頼国が美濃守をつとめており、知人も多く、いわゆる顔がきくということで、光国の利得になったのではなかろうか。

光国は久安三年（一一四七）十二月十二日に、八十五歳で死去した（「尊卑分脈」）。生年は康平六年

（一〇六三）である。弟に光俊と光忠がある（「尊卑分脈」）。
光国は出羽守をつとめ、また検非違使や左衛門尉もつとめた。従五位上。

【光信】

光国の子。出羽守・伯耆守・左衛門尉を歴任した。従五位上。また、白河・鳥羽院の西面の武士や検非違使もつとめた。鳥羽院四天王の一人ともされる（「尊卑分脈」）。
「尊卑分脈」収載の系図では「号土岐（土岐と号す）」とあるので、一時的にせよ土岐郡に居住したことがあるのだろう。大治四年（一一二九）の『中右記』に源為義と争ったとしてその名がみえる。また、大治五年（一一三〇）に源義親の乱に関わって土佐国に配流された。配流の背景として、白河院没後の天皇家・摂関家等の主導権争いが影響しているとも考えられている。康治二年（一一四三）に赦免されて京都に戻ったが、久安元年（一一四五）十月十一日に五十三歳で没した。

【光基】

光信の長男。蔵人・伊豆守・伊賀守・検非違使・左衛門尉などを歴任した。従五位下。仁平元年（一一五一）七月には高陽院（藤原泰子。鳥羽上皇皇后）に仕える役人といざこざを起こし、左衛門尉を解任された（『本朝世紀』）。また、保元元年（一一五六）に勃発した後白河天皇方と崇徳上皇方が争った保元の乱では後白河天皇方に付いていたという説もあるが、確証はない。続く平治元年（一一五九）の平治の乱では叔父の光保とともに、藤原信頼らによる三条殿襲撃に加わっている（『愚管抄』『平治物語』）。またその後、光保とともに源義朝方として内裏陽明門を守備していたが、平清盛らの官軍方に寝返った（『平治物語』）。

ちなみに、光保は鳥羽院や二条天皇の近臣として活躍し、平治の乱では信西を捕縛・殺害するという功績を上げている。二条天皇親政派であり、乱後には対立する後白河院から疎まれ、永暦元年（一一六〇）六月には後白河院の命を狙ったということで子の光宗とともに捕縛され、薩摩国に配流のうえ殺害された。

【光長】

光基より弟の光長（光信の三男）のほうが実力があり、出羽守・伊予守・伯耆守や検非違使・左衛門尉を歴任している。従五位下。治承四年（一一八〇）五月の以仁王の挙兵では、源兼綱とともに以仁王の捕縛に赴くも取り逃がしている（『吾妻鏡』）。

翌年、美濃・近江の源氏らが平家に対して挙兵すると、その中心となった。『玉葉』治承五年正月十一日条によると、追討軍が美濃国に入って光長の「城」を攻め、お互いに死者を出しながら、光長の首を取って梟したことを書き留めている。だが、これは虚報だったようで、三月には挙兵のかどで解官（解任）されて伊豆国に配流となり、源頼朝の与力となっている（『尊卑分脈』）。

国房―光国―光信―光基―光衡―光行―光定
　　　　　　光信の弟：光保
　　　　　　光基の弟：光長―光衡（光基の養子となる）

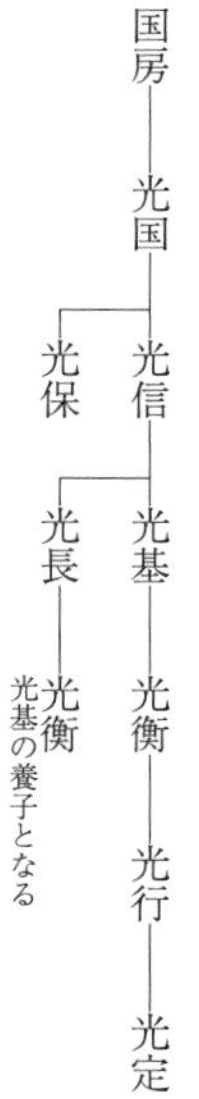

系図4　土岐氏略系図（2）

寿永二年（一一八三）七月には北陸の平氏軍を破って進軍してきた木曾義仲とともに入京したが、義仲と後白河院との関係が険悪になると院方に付いた。同年十一月に義仲が院御所・法住寺殿を襲撃すると（法住寺合戦）、子の光経とともに激戦のうえ討ち死にし、その後梟首されている。

【光衡】

国房から数えて五代目である。系図によると三代目光信の子に光基と光長とあり、光長の子が光衡で、光基の遺跡を継いで惣領となった。平家が滅亡すると鎌倉幕府に仕え、建久四年（一一九三）五月、土岐三郎の名で源頼朝の富士野の巻狩に加わっている（『吾妻鏡』）。「尊卑分脈」収載の系図では、土岐左衛門大夫蔵人とあり、蔵人・左衛門尉・美濃守を歴任したとある。従五位下。

鎌倉時代の土岐氏

【光行】

光衡の子で、鎌倉幕府の御家人。「尊卑分脈」収載の系図によれば、後鳥羽院の西面の武士・判官代・左衛門尉・検非違使・出羽守をつとめ、土岐判官・浅野判官とも呼ばれた。従五位下。弟に光時がいる。土岐庄や浅野庄の国衙の行政を主導する役をつとめた。建保元年（一二一三）には、火盗や兵難・疾病の患を除ける願をかけていて、そこには「正五位下行、大監物源光行」とある（東京大学史料編纂所所蔵写真帳）。また、同四年（一二一六）には池田新次郎の子息を討った功績で、左衛門尉（権任）

に任ぜられた。

承久の乱時の動向については、後鳥羽院方に付いたとも、幕府方に付いたともされるが、『吾妻鏡』の人名表記に問題があり、定かではない。建長元年（一二四九）に没したとされ、永松寺（岐阜県土岐市）の近くに供養塔がある。永松寺は光行が創建したと伝わる。なお、妻は千葉一族の東胤頼の娘とされる。

土岐光行の墓　岐阜県土岐市

【光定】

光行の子。「尊卑分脈」に「土岐惣領」とある。悪党の讃岐十郎を追補した功で隠岐守に任じられたという。従五位下。兄に国衡・光俊らがいる。『吾妻鏡』建長二年（一二五〇）三月一日条には、京都閑院殿の造営に関わる寄進で、二条築地百九十二本のうち三本を奉納した人物として、「土岐左衛門跡」の名が見える。土岐左衛門とは左衛門尉光行のことを指すので、その跡を相続した光定を指すのだろう。また、これが光定の初見と考えられる。

この頃、光定は妻を迎えた。応長元年（一三一一）に一山一寧が作った光定の妻覚曇大姉の肖像賛が愚渓寺本「明叔録」に収録されており、文中に七十三歳没とある。必ずしも肖像画が描かれた応長元年に覚曇が亡くなったわけではないが、賛文が書かれた応長元年よ

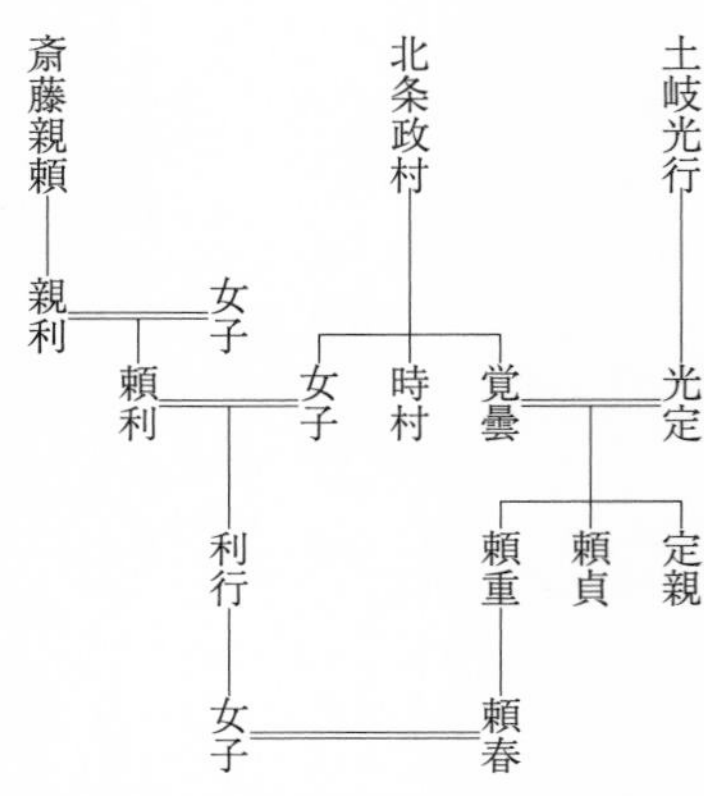

系図5　光定・覚曇推定系図（西尾2000掲載系図を一部修正）

り一年ほど前に亡くなったのではないか。肖像画は一周忌にあたって描かれた可能性もある。そうすると、覚曇は暦仁元年（一二三八）ごろに生まれたのだろう。当時八歳で入輿したとすれば、寛元三年（一二四五）ごろの結婚である。覚曇がもう少し年長で入輿したのならば、十五歳とみて建長二年となる。

いずれにしても父・光行が死去した頃に光定は妻を迎えたと見てよいだろう。しかし、覚曇にはなかなか子が生まれなかったのではないか。というのは、光定の子頼貞の出生は文永八年（一二七一）なのである。先に婚姻時期を推定した建長二年から二十年ほど経過している。実に覚曇三十三歳のときの子が頼貞である。覚曇の子としては、頼貞の兄定親と弟頼重がある（「尊卑分脈」）。なお、光定の庶長子・国時（隠岐太郎）と庶次子胤国（隠岐三郎）は妾腹の子である。

頼貞が生まれた文永八年の三年後、文永十一年には蒙古軍が来襲し（文永の役）、その七年後の弘安四年（一二八一）、頼貞十一歳のときにも、再び蒙古軍が来襲した（弘安の役）。いわゆる蒙古襲来、元寇である。「仏徳録」によれば、光定三十三回忌の香語（法会で読経する際、導師が香を焚いて唱える法語）に、「攘却巨寇」とある。光定は「巨寇」をおどし追い払った。つまり、元寇に参戦し功績を挙げたと述べられている。

光定は元寇での功績から、伊予国荏原村付近一帯（浮穴郡）の地頭職を獲得した（後述）。出家して法名を定光、興源寺と号した（『尊卑分脈』）。弘安年間頃（一二七八〜八八）の卒去だと考えられる。

【覚曇大姉】

「尊卑分脈」収載の系図には、頼貞に「母平貞時女、定頼同女」とあり、「平貞時」を幕府の執権をつとめた北条貞時とする向きもある。しかし、貞時も頼貞もともに文永八年生まれなので、辻褄が合わない。つまりこれは誤記で、西尾好司氏は、北条政村の娘、北条時村の姉説をとっている（西尾二〇〇〇）。

伊予国に勢力を張った土岐一族

前項でみたように、土岐氏が伊予国に関わりを持ったのは、鎌倉時代末期の土岐氏当主・隠岐守光定のときであった。光定は三十三回忌の時点から逆算推定すると、二度目の蒙古襲来、弘安の役で揺れる弘安年間に亡くなったことがわかる。妻は北条氏出身であり、土岐氏は鎌倉幕府の中堅御家人であった。光定について、群書類従本「土岐系図」では、「出家法名定光、号興源寺、寺在伊予国荏原村、」とする。つまり、光定は伊予国で亡くなり、その菩提を弔うために、遺族らが伊予国浮穴郡荏原村に興源寺を建てたとみられる。

のちに子の頼貞は、正和二～五年頃（一三一三～一六）に至り、光定三十三回忌のため、定林寺（岐阜県土岐市）内に普照庵を建立し、その中に無学祖元の像とその舎利（遺骨）を安置し、さらに高峰顕日の遺骨と光定の遺骨とをあわせて安置したことが「仏徳録」にみえる。よって、頼貞は遠く伊予国にある父の墓から遺骨の一部を運び、定林寺でも日々の供養ができるようにしたことがわかる。

その頼貞自身は、伊予国での事蹟が見当たらないが、『金沢文庫文書』によれば、建武中興の直前の元徳の頃（一三二九～三二）の金沢貞顕書状断簡に、

伊予国守護注進ニ、土岐左近大夫被殺害之由、事候哉覧、御沙汰候本体にては候とも、罪名も付られ（以下欠）、

とあって、伊予国で土岐左近大夫が殺害されたことがわかる。この人物は、土岐系図諸本に見当たらないものの、頼貞の弟に左近将監頼重があり、頼貞の長男かと思われる人物に土岐左近蔵人頼直（『大乗院日記目録』元亨四年〈一三二四〉条）、または土岐左近蔵人頼貞（『花園天皇宸記』元亨四年条）とある。これらから推定すると、左近大夫も頼貞にごく近しい人物であった可能性が高く、頼貞に代わって伊予国の所領経営に当たっていたとみてよいだろう。ついで伊予国で活躍したのは、頼貞の六男・六郎頼清である。秋元信英氏が紹介された「土岐家伝大系図」には、

号伯耆十郎蔵人、民部大輔、中務大輔、大膳大夫、依将軍尊氏公之命、為伊予国守護、発向予州、起兵於畿内、数有戦功、依召、自予州赴洛、犯暑兼程日夜馳参、途中感痢疾、卒摂州芥川、于時

　延元元子六月朔日、法名祥雲善考、号瑞岩寺、有濃州河手、云々、

との事蹟が書かれているという（秋元一九六七）。秋元氏はこの頼清の動向について、次のように述べている。

　京大本「梅松論」下に、建武三年五月十日過に備後鞆之浦を出発した足利側の「御船五十余町過テ見渡シタレバ（中略）、楠が計ニ御方ト称シテ向ナドトテ少々騒タリ、然ドモサハナクテ、四国ノ細川ノ人々、土岐六郎、伊予ノ河野ノ一族、其外ノ国人等ニテ」とする中の「土岐六郎」は、伊予辺に所在した頼清であろう。結局、頼清の建武の乱の過程に於ける活動の跡は、この建武三年五月から六月にかけての大略一ヶ月程度に知るに過ぎないのである。尤も、頼清は、後代の諸書のいずれに於いても、頼貞の後継者であったと記されているが、その割合に生涯の大半は判然としない。彼の最後の模様も、右に述べた如く比較的史料性の低い系図類に見えるに過ぎないのである。尚、さきに示した頼清の伊予国守護就任に関する所伝は、実証することが困難である。

ついで、伊予国の所領経営を主として担ったのは、頼清の子頼康であった。康永元年（一三四二）十二月一日に、頼清の弟で美濃守護の土岐頼遠が笠懸の帰りに酒に酔って光厳上皇の乗る牛車に弓を射た罪により斬首された際、頼康は伊予国に在国していた。頼遠の跡職（美濃守護）について、当時在京中の臨済宗の高僧で足利尊氏・直義兄弟の信頼も厚い夢窓疎石は、頼貞の嫡孫にあたる形部少輔頼康を指名するように、尊氏に対して重ねて進言していた。夢窓疎石は頼貞と親交があり、その恩顧

に報いるために尽力したのである。

このことは、五山の禅僧惟肖得岩（巌）による応永二十一年（一四一四）の土岐頼康画像賛に述べられている（『葛藤集』一五二丁）。

> （康永元年）冬十二月一日、伏誅是時に洎び、国嗣殆んど将に絶薄せんとす、夢窓国師は存孝（頼貞）の後を請建せんと為て、たびたび尊氏に啓す、（中略）頼貞存孝の嫡孫刑部少輔頼康、久しく伊予州に居せり、功孝もって維国すべしと、故に羽檄（至急）早下す、入洛し大将軍に謁し、彼の美濃国を旧の如く領す、

このように、頼康は久しく伊予国にいたといい、おぼろげながらも、光定以来、父子四代にわたる伊予国との関わりをたどることができる。

伊予国の土岐氏所領の実態

康永二年（一三四三）以降、頼康に代わって所領経営を任されたのは、頼康の次弟の土岐（揖斐）頼雄であった。頼雄（出家後は祐康）は、延文三年（一三五八）に至って浮穴郡荏原郷の浄瑠璃寺を修理し、禅院に改めて、月峰和尚に寄付をしている。

> 伊予国荏原郷浄瑠璃寺の事、当寺破壊の間、すなわち輒修理をもって興行に及びて、禅院に改め、月峰和尚に寄付し奉る所なり、且門徒寺となし、天下安泰・家門繁栄を祈らしむるための給な

り、仍って寄進の状件の如し、

延文三年戊戌十二月十一日　沙弥祐康在判

（「大徳寺文書」〔『愛媛県史』〕）

この浄瑠璃寺は、松山市恵原町に現存するが、現在は真言宗四国四十六番札所になっている。元はずっと山の中にあったといい、史料もたび重なる火災等で失われ、土岐氏との関わりもまったく伝えられていない（住職の御教示による）。

そこで、「大徳寺文書」によって、もう少し浄瑠璃寺のことを追跡してみることにする。

伊予国荏原郷の安富左衛門三郎跡の事、浄瑠璃寺塔頭歛影庵に寄進し奉る所也、但し丹羽左衛門二郎・安富七郎給分を除くべく候也、門弟相続して全く所務、専ら造営さるべくの状件の如し、

応安五年五月廿五日　沙弥祐康在判

与州荏原浄瑠璃寺開山三塔歛影庵の事、西方上使下向の時、正躰無く成敗候、本檀那大興寺殿御寄進の旨に任せ、本寺へ返付申す所也、仍って後証の状として件の如し、

永享八年二月十日　揖斐殿　頼弘在判

寄進浄瑠璃寺

この二通の文書によれば、浄瑠璃寺内の歛影庵へ寺領を寄せた沙弥祐康は、大興寺殿と呼ばれて

いる。これは現在の岐阜県揖斐川町に菩提寺・大興寺を建てた揖斐頼雄にあたる。頼雄は康暦二年（一三八〇）五月二日に没し、「大興寺殿前羽州太守定巌祐禅大居士」と諡（おくりな）された（大興寺に所在する頼雄の宝篋印塔銘文による）。頼雄は出家して祐康という法諱（ほうき）を用いていたが（「龍湫和尚語録」にも、羽州康公禅門とある）、没後に祐禅（ゆうぜん）との諱を改めて付与されたと解釈したい。文書中に名がみえる頼弘（よりひろ）は頼雄の子か孫であろう。いずれにしても、康永以降、室町時代に入っても荏原郷は揖斐家に相伝されていることがわかる。

（花押）（足利義政）

土岐深坂長寿丸申す、美濃国揖斐庄深坂保の地頭職、尾張国稲木庄内峯吉郷、柏森と号す、伊予国荏原郷西方・久万山内青河等地頭職の段銭・臨時課役・守護役并人夫・伝馬以下の事、免除する所也、早く守護使不入の地たるべくの状如件、

文明四年十一月廿二日

この文書に見える深坂長寿丸（ふかさかちょうじゅまる）という人物は、まだ元服前の若年の人物であるが、土岐氏の系図等を勘案すると、揖斐頼雄の二男に深坂治部少輔光詮（みつのり）（法名祐円（ゆうえん）、応永頃の人）があり、その子孫にあたるらしい。長寿丸は本貫地たる美濃国揖斐庄深坂保のほか、尾張国と伊予国に所領を持つが、これらは頼康→頼雄→光詮へと所領が伝わったものと推定する。

以上のことから、揖斐家は浮穴郡の荏原郷（主要部の大半か）、深坂家は荏原郷西方と久万山の一部（青

河）の地頭職を相伝していたことが判明し、これから類推すると、土岐氏による支配は現在の松山市南部からその南の久万高原町に及び、浮穴郡を広く蔽っていた可能性が出てくる。

浮穴郡への河野氏の浸透

一方、南北朝～室町期を通して伊予国に君臨し、守護職にたびたび補任された河野（こうの）氏の浮穴郡に対する動向を見てみると、次の史料がある。

当国荏原郷の事、今度軍重（ママ）御左右の由（よし）仰（おお）せらるるの処、□□（今に）無為（むい）先（ま）ず神妙、其の子細は近日御使をもって仰せらるべきの旨、仰せ下され候状件の如し、

八月三日　左中弁　判

河野治部権少輔舘（ママ）

（「築山本河野家譜」〔『愛媛県史』〕）

これは、天授元年（永和元年、一三七五）八月十五日に南朝の長慶（ちょうけい）天皇から河野通信（みちのぶ）が伊予守護に任ぜられたのに前後して同人に出された同天皇奉書で、南北朝の動乱に乗じて、北朝方の土岐氏領荏原郷に対して、南朝方の河野通信が勢力の浸透を図ったものと解される。

それから四年のちの康暦元年（一三七九）頃になると、河野氏は土岐氏とその所領をめぐって再び問題を起こしている。

去る一日の御礼、今日六日に到来、委細承り候了(おわんぬ)、
抑(そもそも)管領・土岐方状共にこれに進ぜしめ候処に、参着悦び存じ候、御下(おさげ)分の正文、路次心元なく存じ候て仕置き候、此の御使にこれを進ぜしめ候、兼ねて又、庄四郎□要害則(すなわ)ち退治せしめ候の間、公私につき悦し存じ候、今月二日当浦に罷り着き候、是れより申すべき旨存じ候の刻、□御音信殊に以って悦び入り候、児島発向の事、時分是より申せしめ候、程近く候へば、細々申し通すべく候、委細尽くし難き状候の間、併せて此の僧に申せしめ候了、事々後音を期し候、恐々謹言、

八月六日　　伊予守時義（花押）

謹上河野殿

御返事

（「臼杵稲葉河野文書」〔『愛媛県史』〕）

『愛媛県史』史料編では、「康暦元年か」と注を入れている。時の伊予守護河野通堯(みちたか)（佐藤一九六七）ら河野一族が、土岐氏の所領支配の弱体化につけ込んで、浮穴郡に介入し始めている姿を想定することができる。

その後、南北朝の動乱が終わり、室町時代の応永三年（一三九六）に至って、次のような文書が河野六郎通之(みちゆき)に出されている。

大徳寺雑掌申す当寺末寺伊予国荏原郷浄瑠璃寺領并びに塔頭等の事、訴状此くの如し、早く芳慶房の違乱を止め、寺家所務を全うされるべし、若し子細あれば、注申さるべきの由、諸仰せ下さるる也、仍って執達件の如し、

応永三年五月十五日　沙弥在御判

河野六郎殿

（立紙銘）

河野六郎殿　沙弥道将

（「大徳寺文書」〔『愛媛県史』〕）

この文書の差出人は沙弥道将、つまり管領斯波義将である。河野六郎通之は守護として浄瑠璃寺に対する違乱停止の下命を受けたのであり、浮穴郡が守護河野通之の管轄下にあることを示す最初の文書ということになる。

『愛媛県史』通史編中世によると、東予二郡の細川氏、南予喜多郡の宇都宮氏、宇和郡の西園寺氏など、南北朝・室町期には郡を領する有力氏族がおり、河野氏は主として浮穴郡を含む中部十郡程度の支配に留まったとされる。

土岐氏の場合、嘉慶元年（一三八七）に土岐頼康が没し、その子康行が美濃・尾張・伊勢の守護職を継ぐが、実弟満貞と従兄弟詮直との内紛が黒田合戦を引き起こし、ついに嘉慶二年（一三八八）に

幕府による康行追討へと発展する（後述）。

こうしていったん美濃・尾張・伊勢三ヶ国の守護を没収された土岐氏は、土岐西池田頼世（頼忠）が二年後の明徳元年（一三九〇）に美濃守護に補任されて復活するが、当然のことながら土岐氏が保有してきた伊予国浮穴郡の権益も、相当の圧縮を覚悟しなければならなかった。

浮穴郡に対する土岐氏の支配実態としては、『愛媛県史』によれば、守護河野氏の統制下での地頭職を保持するにすぎなかったことになるが、先掲の応安五年の沙弥祐康寄進状写では、安富左衛門三郎跡のうち、丹羽左衛門二郎と安富七郎の給分を除いて寺へ寄進しており、こうした闕所処分権の掌握という点からみて、河野氏の力が当郡に及ばず、土岐氏が郡の地頭を超える分郡守護であったという可能性を私は捨てきれない。仮に土岐氏の分郡守護説が成立すれば、それは建武年間の頼貞から嘉慶二年までの約五十年間にわたってほぼ継続していたものと考えられる。

また、江戸時代に成立した土岐系図に、土岐頼清が伊予国守護職であったと書かれるようになったのも、頼清の分郡守護補任のことが拡大伝承された結果によるとも考えられる。

なお、室町中期以降も浮穴郡内に所領が残存しており、土岐成頼は、文明年間（一四六九～八七）に伊予国荏原・久満山のことについて、在地の大野九郎次郎に合力を頼んでいる（『愛媛県史』所収「大野文書」）。松山市恵原町には、こうした土岐氏活躍の名残りをとどめる新張城跡がある（浄瑠璃寺住職のご教示による）。

第二章　守護土岐氏の発展

土岐頼貞の画像賛

室町・戦国期を代表する五山の禅僧・希世霊彦（きせいれいげん）が土岐頼貞の画賛を書いているので、まずはこれを紹介しておこう（『村庵小稿』所収「土岐伯州源頼貞公画像賛并序」）。これは、頼貞の五世の孫である土岐持益（もちます）の頼みで賛を書いたものである。

公は清和天皇の子孫で、光衡の時始めて土岐を領有した。母は幼い公を抱いて無学祖元（むがくそげん）のもとへ行った。無学はその頭を撫でて将来有望な人になると言った。長じて騎射や智略に長け、元弘に入って不穏な動きとなったとき、公は諸処を鎮め、暦応二年（一三三九）二月廿一日に亡くなった。六十九歳であった。

頼貞が開基となった定林寺の謎

頼貞が開基となった草創期の定林寺（岐阜県土岐市）および頼貞について述べる際には、頼貞の母・覚曇大姉について触れないわけにはいかない。覚曇大姉についての現在残る唯一の史料は、愚渓寺本『明叔録』に収められた「覚曇大姉肖像賛」である。『明叔録』は明叔慶浚（みんしゅくけいしゅん）の語録であるが、現在、この語録の原本は愚渓寺（岐阜県御嵩町）には無いとされ、筆書の手許には昭和五十六年（一九八一）に撮影された写真版があるのみである。

明叔慶浚は臨済宗妙心寺派の禅僧で、美濃国岩村の大円寺（岐阜県恵那市）の中興開山となり、その後、愚渓寺の再興のために同寺へ転住した人である。愚渓寺が再興されると、大円寺と愚渓寺を往来し、天文二十一年（一五五二）に大円寺で亡くなった。この明叔が愚渓寺から大円寺への途中にある定林寺を訪れて、覚曇大姉の肖像画を拝見し、その画像賛を記録したものが語録に収められたものと筆者は考えている。

賛文を次に示そう。

慈和如春、温明似玉、心圧塵縁、身離世俗、為仏光弟子、依教修持、傍定林住庵、以道自牧、七十三歳別閻浮、清浄刹中棲百福、右美州比丘尼覚曇大師肖像、為其男頼貞讃云、応長元年臘月十一日、宝峰一山老衲一寧書、

仏光とは仏光国師無学祖元のことで、無学の教えを受け、覚曇はおそらく鎌倉の土岐館の傍らに定林庵を建てて庵居し、七十三歳で亡くなったことになる。

無学は、鎌倉幕府第八代執権北条時宗の招きに応じて中国から来日し、建長寺の住持となり、その後、円覚寺（ともに神奈川県鎌倉市）を創建した。来日して以来、鎌倉に住み続けたとされており、覚曇大姉が教えを受けたのも、鎌倉の建長寺か円覚寺においてであると想定される。円覚寺の創建は

弘安五年（一二八二）であり、無学は弘安九年（一二八六）九月三日に死去している。このような経過から考えると、覚曇大姉が出家したのは、無学が死去する弘安九年以前でなければならない。また、夫である土岐光定の死去をうけて出家したことも間違いないだろう。

土岐光定については、臨済宗の禅僧・元翁本元（げんのうほんげん）の語録『仏徳禅師語録』に収められた「土岐光定三十三回忌香語」が唯一の史料といってよい。これは土岐存孝（ぞんこう）、つまり土岐頼貞が亡父光定のために定林寺で三十三回忌の法要を開催したときに、導師をつとめた元翁が作成した法語（法会の際に僧侶が語った話）である。残念なことに、この法要が行われた年月日が記されていないので、光定の没年月日を逆算できない。西尾好司氏は、『新版 土岐頼貞とその一族』の中で次のように述べている（西尾二〇〇〇）。

無学祖元画像　東京大学史料編纂所蔵模写

残念ながら、佛徳録に三十三回忌が行われた年月日の記載はない。しかし、元翁本元の在長瀬山（虎渓）時代の内の何時かには違いない筈であるから、正和二年（一三一三）〜正中二年（一三二五）の間のことであろう。一

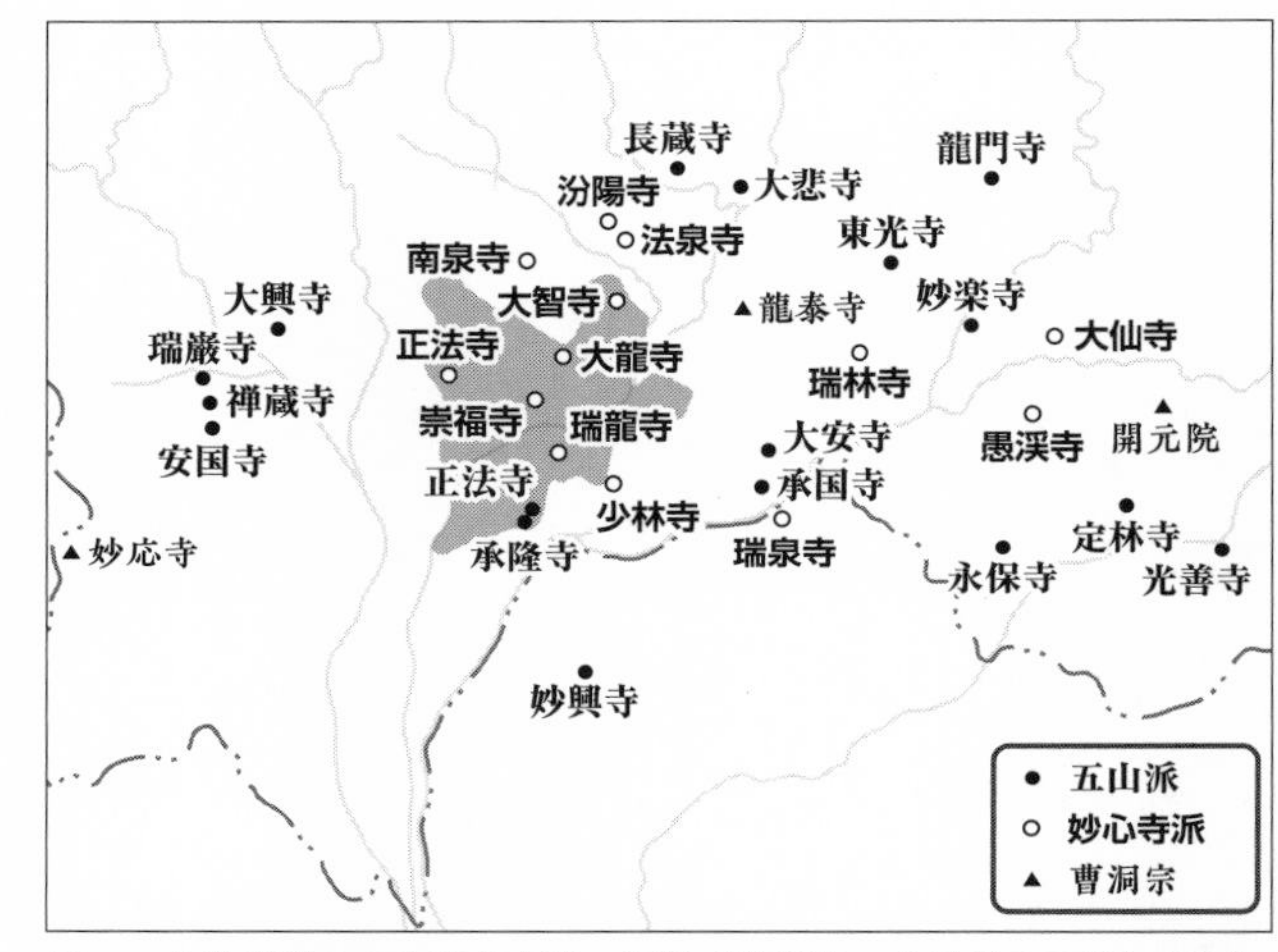

図１　中世美濃の主な禅宗寺院　図録『特別展　土岐氏の時代』（岐阜市歴史博物館、1994 年）掲載図をもとに作成

般に土岐光定の没年は弘安四年（一二八一）とされており、これより計算すると三十三回忌は正和二年ということになる。ところが、先の佛徳録に佛国国師（高峰顕日）の遺骨を納めたとある以上、高峰顕日の没年正和五年（一三一六）以降でなければならないので、光定没年とされる弘安四年は大いに疑問であり、少なくとも弘安七年（一二八四）以降と言える。また、頼貞の請けによって催された以上、その時夢窓疎石が長瀬にいたら、元翁本元よりも法兄である夢窓に依頼する筈なので、この時点で既に夢窓は虎渓に居なかったと考えられる。したがって夢窓は文保元年（一三一七）に上洛して京都の北山に住んでいるので、三十三回忌の時期は文保年間（一三一七）～正中二年（一三二五）のことである。これから逆算すると光定の没年は弘安八年（一二八五）～永仁元年（一二九三）の間と推定され、頼貞十歳の頃とされる父の没年はも

う少し長じてからのことと思われる。

ところで、「覚曇大姉肖像賛」によれば、大姉は無学祖元の弟子となって教えを受けており、前述のように光定の死去をうけての出家であったと考えれば、弘安八年頃に光定が亡くなり、出家した大姉は、無学が亡くなるまでの一年ほど師事し、その間ついに定林庵を結ぶに至ったと考えるのが妥当であろう。この場合、光定の三十三回忌は、文保元年（一三一七）となる。

美濃の定林寺創建の時期について、西尾好司氏は前掲書の中で、徳治年間頃（一三〇六～八）と推定されている。一方、覚曇大姉はその肖像賛（生前の像を寿像（じゅぞう）といい、没後の画像を肖像という）によって、定林庵に庵居して応長元年（一三一一）もしくはその前年に七十三歳で亡くなったとみられるので、西尾説ではいまだ覚曇が存命中に定林寺が建てられたことになる。

土岐頼貞は、暦応二年（一三三九）二月十一日に六十九歳で亡くなったことが、『村庵藁』所収の「土岐伯州源頼貞公画像并序」にみえるので、逆算すると、頼貞が四十二歳のときの応長元年に亡母覚曇大姉の画像を制作したことがわかるし、父を亡くしたと思われる弘安八年（一二八五）は、頼貞が十六歳のときだったことが判明する。十六歳であればすでに元服を終えている年齢なので、希世霊彦による頼貞画像賛に、「母が幼い頼貞を抱いて無学に謁見したとき、無学はその頭を撫で、将来大成する器量を持っている」と言ったというのは、頼貞が十歳の頃だったとして五、六年ほど前のことだろう。

弘安四年五月、二度目の蒙古襲来（弘安の役）をうけて、土岐光定が出陣すると、残された覚曇大姉は、戦勝祈願の意も込めて、頼貞を連れて無学のもとに参禅したのではないか。そして、弘安八年頃に光定が死去すると、覚曇大姉は出家して尼となり、無学から覚曇との法諱を授けられ、やがて定林庵を建てて庵居し、弘安八年から満二十六年を経た応長元年頃に亡くなったのである。

頼貞は、地頭級の御家人として鎌倉に住んでいることが多かったが、時折り美濃国にも来て、土岐郡内の自領を視察しただろう。母覚曇の死をうけて、頼貞は定林庵を土岐郡内に移し、定林寺と改称したのではないだろうか。この場合は、西尾説の徳治年間（一三〇六～八）よりは少し降り、応長元年（一三一一）の少し後となり、光定の三十三回忌が行われた文保元年（一三一七）の前ということになる。

前述した土岐光定三十三回忌香語の初めの部分には、次のように書かれている。

為隠州光公三十三回忌土岐存孝請剏建定林寺普照庵、開山仏光祖師像并舎利、入仏国祖師霊骨及光公骨、

この法語を書いたのは、仏国禅師高峰顕日の法嗣（はっす）・元翁本元である。定林寺の開山である仏光国師無学祖元は高峰の師である。前に推定した定林寺の建立時期は、無学の示寂（弘安九年〈一二八六〉九月三日）の後であり、無学は勧請開山として、定林寺に来住したことはなかったことになる。そうすると、第二世となる高峰が実質的な開山であり、正和五年（一三一六）十月二十日の示寂以前に定

林寺が建てられていたと考えられる。『玉村稿』では、

何故に高峰の遺骨を収めているのかを考えてみると、定林寺の真の開創者は無学の直弟ではなく、高峰の弟子であるがためではないであろうか。すなわち無学の孫弟子（三世の法孫）の所為である可能性が強く、極端に推察すれば、元翁本元その人の開創とも考えられる。

とする。西尾好司氏は、土岐頼貞は和歌を通じて高峰顕日や夢窓疎石と親交があり、頼貞から定林寺建立の相談を受けた夢窓が、実質的には開山として定林寺開創に奔走したのだろうと述べておられる（西尾二〇〇〇）。

両説ともに、高峰の定林寺住山はなかったと見ているが、高峰は入寺開堂式出席のため、当時居住していた下野国那須（なす）の雲巌寺（うんがんじ）（栃木県大田原市）から数日間のみ来山した可能性があると筆者は考えている。

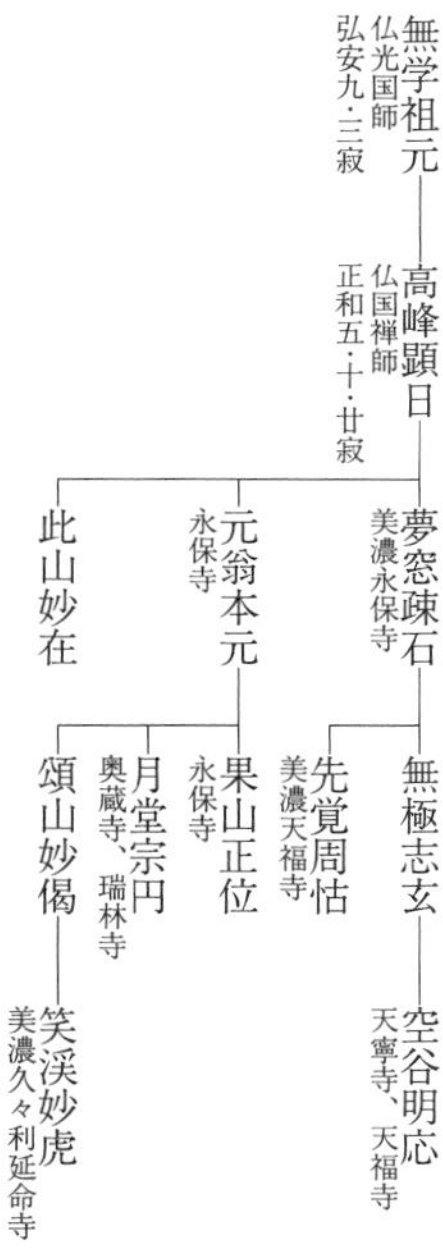

- 無学祖元（仏光国師　弘安九・三寂）
  - 高峰顕日（仏国禅師　正和五・十・廿寂）
    - 夢窓疎石（美濃永保寺）
      - 無極志玄
        - 空谷明応（天寧寺、天福寺）
      - 先覚周怙（美濃天福寺）
    - 元翁本元（永保寺）
      - 果山正位（永保寺）
      - 月堂宗円（奥蔵寺、瑞林寺）
      - 頌山妙偈
        - 笑渓妙虎（美濃久々利延命寺）
    - 此山妙在

系図6　仏光派法系図

謎多き正中の変と鎌倉幕府倒幕

弘安年間（一二七八〜八八）に土岐光定が亡くなると、その子頼貞の代となった。それから三十年以上を経た正中元年（一三二四）に、正中の変が起

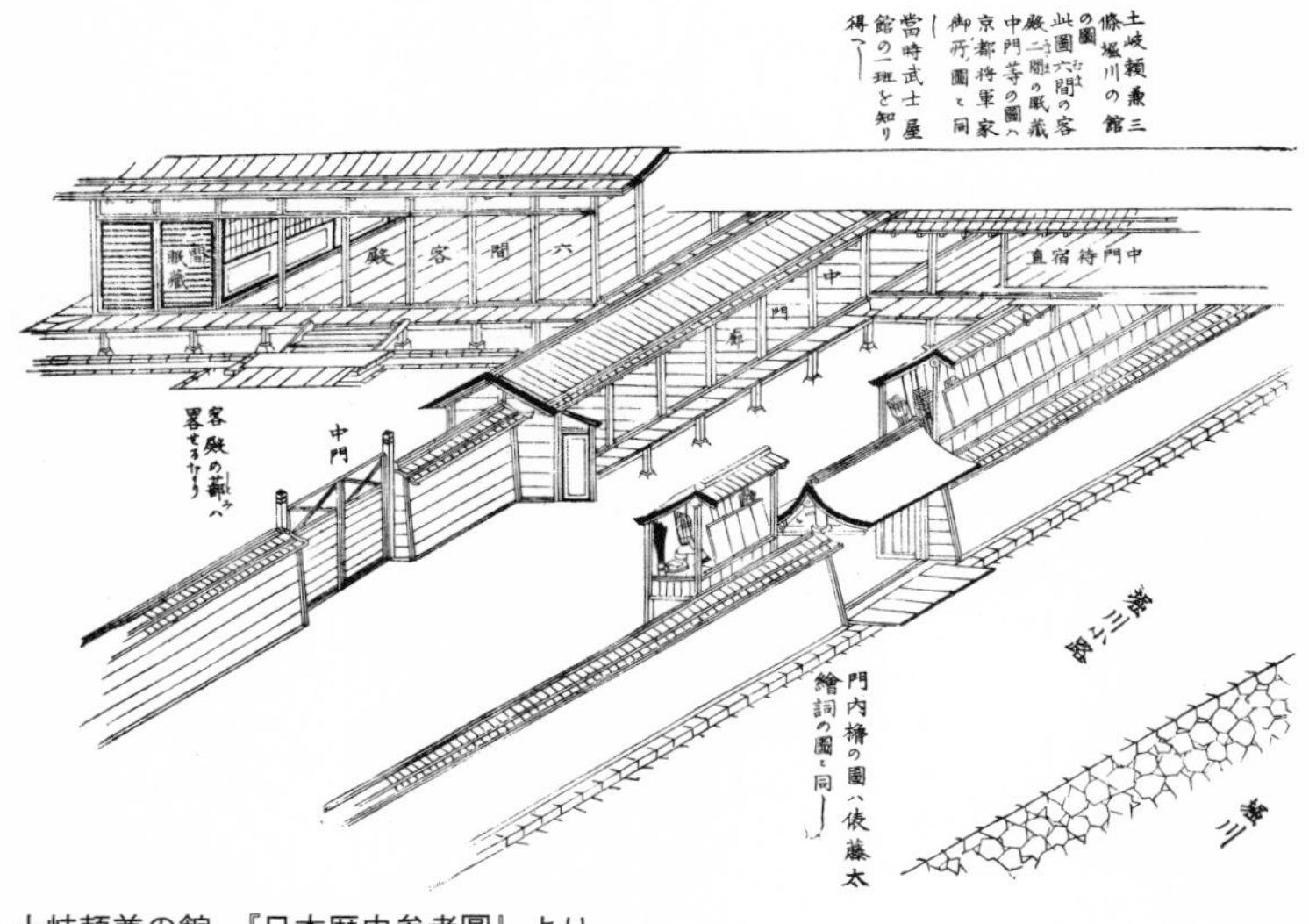

土岐頼兼の館　『日本歴史参考圖』より

きた。後醍醐天皇の意を受けた日野資朝から土岐氏に天皇親政回復の密事が明かされ、鶴ケ城（岐阜県瑞浪市）城主で頼貞の子である土岐頼兼と多治見（同多治見市）の多治見国長が主体となり、尾里（小里）国定・深沢定氏・猿子国行・萩原国実・船木頼春（頼員）らが、軍勢を率いて京都へ攻め上る計画であった。しかし、頼春の妻が六波羅探題奉行人であった父の斎藤利行（俊幸）に密告したことで倒幕の計画が発覚し、六波羅探題により事前に防止された（『太平記』）。

ところで、『太平記』によると、頼春の妻による密告で事態を察知した六波羅探題は、小串範行や山本時綱に命じて追討させ、頼貞は奮戦実らず自害、土岐頼兼や多治見国長らも自害したとある。だが、後述するように実際にはその後も頼貞は生き延びていることが確認できるので、『太平記』

の記述には混乱が見られる。とはいえ、土岐氏一族が多数関与したため、頼貞自身にも疑いはかけられていたようだ。

なお近年、正中の変については冤罪説も唱えられるなど（河内二〇〇七）、謎の多い事件であり、土岐氏の歴史を考える上でも重要な事件ではあるが、本書ではこれ以上は立ち入らない。

さて、後醍醐天皇は元弘元年（一三三一）に挙兵し、笠置山（京都府笠置町）に籠もるも、幕府の大軍の前に支えきれず身柄を拘束され、廃位のうえ、翌元弘二年に隠岐島に配流となった。いわゆる元弘の変である。

だが、後醍醐は諦めない。元弘三年に名和長年に迎えられて伯耆国船上山（鳥取県琴浦町）に脱出すると、後醍醐は各地の勢力に倒幕の檄を送る。これに応えて足利高氏（のちに尊氏。以後、尊氏で統一）が鎌倉幕府から離反し六波羅探題を攻撃すると、頼貞は尊氏の下に加わった。同時期、新田義貞が鎌倉に攻め入り鎌倉幕府が滅亡した後、後醍醐による建武の新政下での頼貞の動向は定かではない。

頼貞の死と跡を継いだ頼遠

頼貞は、南北朝初期の暦応二年（一三三九）二月二十三日に亡くなった。この間、足利尊氏が建武政権から離反すると頼貞も尊氏に従い、各地の合戦で軍功を上げ、尊氏の下で重きをなした。少なくとも建武三年（一三三六）九月以前には美濃国守護に任ぜられ、以後、土岐氏が代々美濃守護となる先蹤となった。墓は岐阜県瑞浪市の善光寺跡にある。

頼貞の跡は七男の頼遠（よりとお）が継いだ。建武二年（一三三五）の矢矧川（やはぎがわ）における新田義貞との戦い、同年の箱根竹ノ下（はこねたけのした）合戦、翌建武三年の多々良浜の戦いおよび五条大宮の戦い、暦応元年（一三三八）の青野原の戦いなど、頼遠も尊氏の下、南朝との数々の戦いに参戦している。『太平記』によると、青野原の戦い時には、上洛を目指す北畠顕家（きたばたけあきいえ）軍を美濃の地で迎え打つことを頼遠が進言したとされ、顕

上：土岐頼貞木像　岐阜県七宗町・龍門寺蔵
中：土岐頼貞の墓　岐阜県瑞浪市・善光寺跡
下：「太平記絵巻」に描かれた土岐十郎の奮戦　埼玉県立歴史と民俗の博物館蔵

家率いる大軍の前に、精兵を率いて奮戦したと記される。青野原の戦いでは足利軍は敗れたものの、頼遠の評価は高い。だが、今川了俊が著した『難太平記』には頼遠の軍功は記されていない。

暦応二年に頼遠が跡を継ぎ美濃国守護職も継承すると、同年、本拠をそれまでの鶴ヶ城（岐阜県瑞浪市）から長森城（岐阜市）に移した。

翌暦応三年、新田義貞の弟で前年の越前の戦いで敗れた脇屋義助が美濃国根尾城（岐阜県本巣市）に移ると、頼遠は九月十九日、甥の頼康とともにこれを攻め、義助を尾張に逐っている。

これら室町幕府に対する功績の大きさもあってか、この頃より頼遠は有頂天になっていた。康永元年（一三四二）六月七日に頼遠は兵百騎を卒いて上洛した。九月六日夜、史上有名な光厳院の牛車襲撃事件が起こる。頼遠は笠懸の帰りに光厳院の牛車に行き会うと、「院（いん）と言うか、犬（いぬ）というか。犬ならば射ておけ」と言って光厳院の牛車に弓を射かけたという。以上の事件は、バサラのエピソードとしてよく語られている。

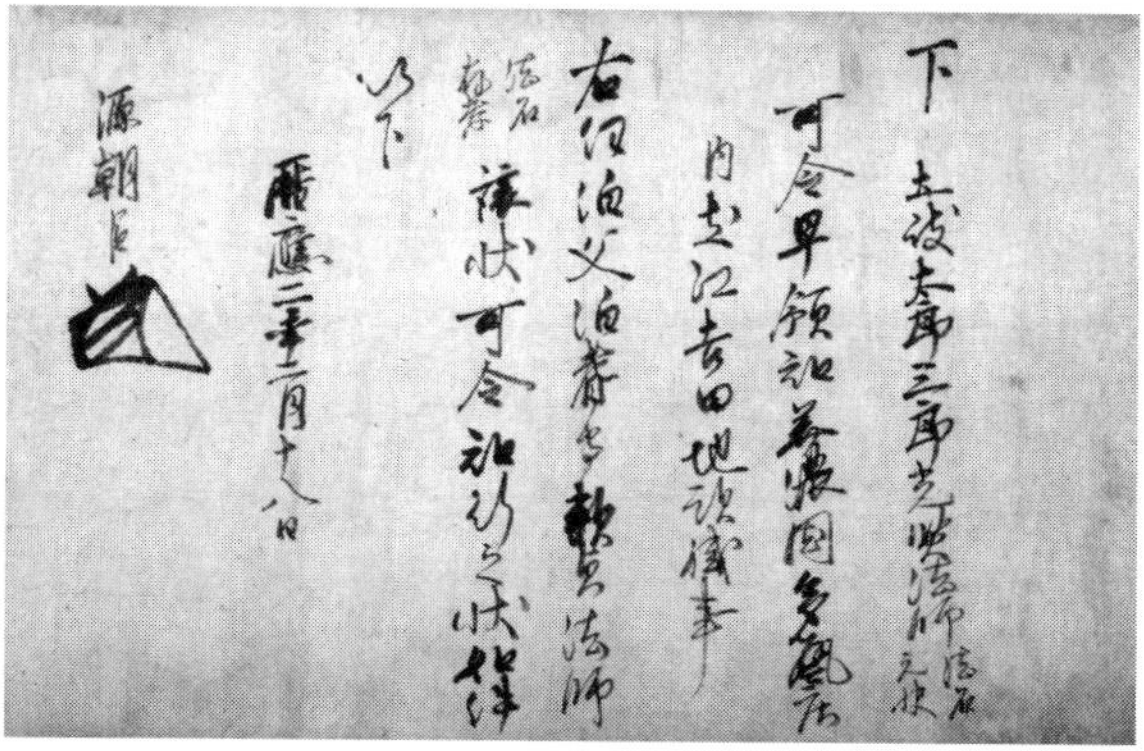

暦応２年２月18日付け土岐太郎三郎光賢法師宛て足利直義下文
頼貞の譲状によって直義が所領の分配を命じている　「土岐家文書」
群馬県立歴史博物館寄託

夢窓疎石画像　東京大学史料編纂所蔵模写

室町幕府が推戴する北朝の光厳院に対する頼遠の狼藉に、幕府を率いる足利尊氏の弟直義は激怒し、頼遠の追討を命じた。進退窮まった頼遠は、当時は臨川寺にいた尊氏・直義兄弟の信頼厚い夢窓疎石を通じて助命嘆願を依頼する。一方、直義のもとにも頼遠の助命を願い出る声が多数届いたため、頼遠は厳罰に処すものの、夢窓疎石の口添えがあったので、直義は土岐一族自体は赦免することを決めた。結局、臨川寺にいた頼遠は捕縛され、十二月一日に六条河原で処刑された（『太平記』）。手力雄神社（岐阜市）にある宝篋印塔が頼遠の墓とされる。このほか、頼遠が開基、夢窓疎石が開山となった東香寺（岐阜県富加町）にも頼遠の墓とされる五輪塔がある。

また、「葛藤集」の頼康画賛によれば、「文武百官が行列につき従っているなか、頼遠の兵たちは箭を雨のように放った。その中の一本が王輅（天皇の御車）に当たった。天皇は大いに怒り、射た者を探索させたら、頼遠の士卒であることが判明した。そこで捕えられた頼遠は、十二月一日に謀殺されるに及んだ」とある。

頼遠の狼藉事件は、土岐氏滅亡の可能性すらあった重大事件であったが、夢窓疎石の尽力によって族滅を免れたといえよう。この事件の結末をとおして、土岐氏と夢窓疎石との関係に注目しておきたい。

土岐頼遠と美濃正法寺の興亡史

さて、ここでは話を美濃国内に移し、土岐氏と寺院との関係についてみていこう。

霊薬山正法寺は、かつて岐阜市下川手にあった壮大な禅宗寺院であった。現在は廃寺で、寺跡は市街地となって、その面影はほとんど残っていない。往時は、万里集九・雪舟等楊・利渉守溱・常庵龍崇・景川宗隆・悟渓宗頓・東陽英朝らが来訪し、また、守護土岐氏の執権・斎藤利永の子で五山派僧の春蘭寿崇が住山するなど、多くの文化人らが正法寺に集った。

正法寺についての研究は、大正十五年（一九二六）に刊行された『濃飛両国通史』が最も早い時期のものであろう。戦後の『岐阜県史』ではほとんど進捗がなく、昭和五十年（一九七五）の玉村竹二氏による研究「中世前期の美濃に於ける禅宗の発展」（『金沢文庫研究紀要』一二、一九七五年）まで待たねばならなかった（玉村一九七五。以下、玉村氏の見解は基本的にこの論文による）。これを基本としてさらに掘り下げたのが、福井金弘氏による「禅宗の興隆と発展」（『岐阜市史』通史編）である。

筆者は幸いにもこれらの著作を目にし、そのうえで昭和五十年代に花園大学禅文化研究所で『霊薬山正法寺文書』と題する写本を閲覧し、複写をするという恩恵に浴した。この写本は、題名とは異なり、主として室町初期応永以前の五山禅僧の入寺法語や下火（火葬のときに唱える偈）・号説・画賛なども広く筆写したものである。その中に、正法寺に住山した信中自敬など正法寺に関わる法語等も収められており、総七十丁ほどの中冊の和本である。『五山文学全集』や『五山文学新集』には収録されておらず、論文等にもほとんど利用されていないようである。

そこで、これらの史料に先学諸兄の論考等をふまえ、若干の新知見を加えつつ、土岐氏とも密接に関わる正法寺の興亡史をたどってみたい。

判明する歴代住持について

①開山嫩桂正栄

玉村竹二氏の『五山禅僧伝記集成』（玉村二〇〇三）には、嫩桂の師・無本覚心ともども嫩桂の伝記は収録されていない。『岐阜市史』では『濃飛両国通史』を引用して、嫩桂の生涯を略述している。それによれば、「嫩桂は俗姓不明で、親しく無本の教えをうけ、また四方に遍歴した。のち美濃の大桑（山県市大桑）に庵居し、人事を杜絶すること二十年、三衣一鉢粛然として歳を送った。のち同門の請招により紀伊の常興と興国の二寺に歴住した。そして正平年中、土岐氏により正法寺に屈請されて開堂住持した。嫩桂は博通で篤信、人を矯むるに薄く、己を責ること厚く、また土岐氏の尊崇を受けた。自然と学賓雲集することになった。正平八年（文和二、一三五三）正月二十一日に正法寺で示化した。世寿八十八歳。朝廷は勅して大医禅師の号を贈った」とある。

『日本仏教人名辞典』の嫩桂正栄の条では、「嫩桂は無本のもとで修行し、ついで建仁寺で蔵主をつとめた。そして美濃大桑（おおが）に移り、ついで備州の常興山・紀伊の興国寺に移った。さらに美濃正法寺の開山となった」とする。ここでは、常興寺（じょうこうじ）は紀伊ではなく備州にあるとする。

次に、『岐阜市史』が引用する「明叔録」（『岐阜県史』等は「明叔慶浚等諸僧法語雑録」とする。ここでは単に「明叔録」とする）に、次のような記事が見える。

七十逾年住鷲峯、昌々嬾桂見慈容、一生無病長安楽、道体堅兮道念濃、

今大桑定苑寺ノコト也、

定林・正法二寺開山見住興国嬾桂栄和尚寿像、南禅清拙叟、為之自讃、正法開山勅謚大医禅師、

これは、南禅寺（なんぜんじ）住持の清拙正澄（せいせつしょうちょう）が、興国寺（こうこくじ）住山中の嫩桂正栄の画像に賛を書いたもので、その写が「明叔録」に収められたのである。「南禅の清拙叟」とあり、清拙が南禅寺住山中とみられるので、建武三年（一三三六）十一月から暦応元年（一三三八）十二月十七日までの間に書かれたものであろう。

また、賛文によれば、七十歳を超えてから興国寺に住山したというので、嫩桂が七十一歳であれば建武三年（一三三六）にあたり、清拙正澄の南禅寺住山中に書かれたものとみてもとくに矛盾はない。

この賛文によれば、嫩桂が興国寺へ住山する以前に、すでに定林（定苑か）・正法二寺の開山となっていた。定林寺とは、先にみた美濃国土岐郡の定林寺（開山無学祖元）でないことは確かであり、「明叔録」の筆者が注を入れたように定苑寺であろう。大正七年（一九一八）に、大桑の南泉寺（なんせんじ）住職真常

が調査して書き残した『真常記』によれば、

慈恩寺　天台宗ナリシニ、兵乱ノ為メ烬滅セリ、今ハ字ニテ、其蹤跡ノミアリ、此寺ハ元ハ上苑寺、半ハ（以下欠ク）、

とある。これが定苑寺の唯一の手がかりであるが、これ以上たどることができない。ただし、『正法寺文書』四五丁に、

大桑郷の心珠が言うには、大桑の神社に大般若経があり、村人たちがいつも（毎年か）法印を招いて講読をしてきたが、破損したので喜拾（寄付）を募って修理をした。あらかじめ前信濃守沙弥道清（みどうせい）が本尊釈迦仏や十二神将・四大天王などを描かせ、お堂を飾って、某僧に命じて仏事を行った。特に当郷知主（領主）の駿河守源氏沙弥清台（せいだい）の安泰を願い、また皆々の息災を願った。（現代語訳）

という記事がある。南北朝末〜応永の頃か、年号も導師の名もわからないが、この法語の前に、潮山の懶雲による十六善神仏事の偈があるので、あるいはこの法語は、信中自敬の法嗣・懶雲正融の作品かとも考えられる。大桑の領主沙弥清台や仏事を行った沙弥道清は、法名に「清」を用いている。南泉寺近くの千手院（せんじゅいん）には、室町後期の永正頃の宝篋印塔に「清順」との法名が刻まれていたことから考えると、千手院付近に大桑の領主某氏の拠点があった可能性がある。

それにしても、大桑に心珠なる僧がいたことがわかる。この人が定苑寺の住職か、またはゆかりの

人であったため、旧縁によって正法寺の懶雲を導師に指名したとも思われる。

さて、嫩桂は二〜三年の住山で興国寺を退山したのであろうが、それから文和二年（一三五三）正月二十一日に示寂するまでの十五年間ほどは、正法寺（開山塔院慈光院）に住山したらしく、正法寺で示寂した。その後、大医禅師の号を朝廷から下賜されている。

このような経過をみると、嫩桂が建武三年（一三三六）以前に正法寺開山となっていたことは確実である。そうすると、この頃の土岐氏は頼貞が家督の時代であり、頼貞は土岐郡に菩提寺として定林寺を建てていた。頼貞の嫡男頼清は主として伊予国で活躍し、延元元年（建武三年）六月一日に亡くなった。その弟の頼遠は正法寺のある革手郷近くの長森城主であったとされている。不幸にして康永元年（一三四二）に刑死したため、詳しい業績は伝わっていない。頼清の子大膳大夫頼康は康永元年に土岐氏の家督を継ぎ、信中自敬の正法寺入寺法語に、「大檀越前光禄大夫」（光禄大夫は大膳大夫の官名）とある人にあたると考えられる。

『岐阜市史』では、この頼康が正法寺を建立したとしている。頼康が創建檀越であるなら、なぜ法名に「正法寺殿」と付されず瑞巌寺殿とされたのだろうか。このことについて、『岐阜市史』は、頼清・頼康の本宗とするところは臨済宗法海派であるため、嫩桂にも帰依したということのみに留まったのではないかとした。ただし、正法寺の創建は建武以前であることはここまで述べてきたとおりなので、頼康では年齢的にも活躍年次にも合わない点があり、創建には長森城主とされる頼遠が関わった、とみたほうがよいのかもしれない。その場合、頼康は正法寺第二世信中自敬のときの大檀越であったことになる。

なお、万里集九の『梅花無尽蔵』七に「葦牧野説」がみえ、これには「圓爾から三伝して少室大禅師に至り、禅師を継いで全提大和尚となる。しかして岐西正法精舎の開山祖なり」とある。この文中の全提大和尚は嫩桂のことであると『梅花無尽蔵注釈』四にあるが、全提は、

圓爾——潜渓処謙——夢巌祖応——少室通量——全提

という法系に連なる人物であり、岐西の正法寺というのは、革手の正法寺とは別の寺とみるべきであろう。中世の一般的表現では、岐西は揖斐川以西を指すように思われる。

延文三年（一三五八）の嫩桂七周忌法要は、物外可什が導師をつとめた（『正法寺文書』）。物外は臨済宗大応派の人である。

②信中自敬

信中は、嘉慶元年（一三八七）に六十余歳で亡くなったというので（後述）、仮に六十五歳であったとすると、元亨三年（一三二三）の生まれである。師の嫩桂正栄が亡くなった文和二年（一三五三）に、信中は約二十歳だったことになる。その後、信中は元に渡った。貞治四年（一三六五）の在元が確認できるが（後述）、このとき信中はおよそ四十三歳ぐらいであったとみられる。月心慶円による信中

の真像賛によれば、中国の天寧寺で、了堂のもとで侍香の役についたという。『濃飛両国通史』によれば、延文年中（一三五六～六一）に月心慶円らと中国に渡り、広く列刹を歴訪して、一寺の耆宿（学徳のすぐれた老人）に参謁した。そしてついに天寧寺に至って了堂一公に参じ、香蔵に侍してその鑰の役を掌った。さらに仏日寺の礎石梵琦に見えて、先師大医禅師の真賛を請うた。琦公は賛を書き、また一心の号説を贈ったという。

信中は帰国後、鎌倉の亀谷山寿福寺で前後板の役につき、また紀伊の興国寺（和歌山県由良町）へも住山した。その間に正法寺へも住山した。このように、文和二年の嫩桂示寂後は、信中が正法寺に住山を続けていたわけではなかった。『正法寺文書』一九丁に、前住正法寺古潭和尚秉炬の法語があり、古潭は信中の法兄弟とみられるので、正法寺住持職が嫩桂・信中・懶雲というように一子相伝的に相続されたわけではなくて、嫩桂の法嗣によって順次住持が交替していたものとみられる。

信中の正法寺入寺法語らしきものが『正法寺文書』に見られるものの、断片的でかつ年次も定かでない。信中の画像賛については、先の月心慶円作のものと、天祥一麟作のものとがある。天祥作の賛では、中国滞在が十年にも及んだとある。信中の示寂は嘉慶元年（一三八七）十月五日であった。そして正法寺内に自らの塔院少林庵を建てていたので、そこに葬られた。

③梅隠祐常

『五山禅僧伝記集成』によれば、梅隠は臨済宗法燈派の人で、法を信中自敬に嗣いだという。俗人のときは惟成親王といい、南朝後村上天皇の皇子である。長慶天皇と後亀山天皇の弟と目され、南朝が頽勢に向かうのをみて自ら出家し、法燈派に属し、関東の禅林に下向して（おそらく寿福寺で）書記の職を司り、のち上洛して建仁寺に入り、ついに美濃に下向して正法寺に寓し、寺内に「樵斎」を構えて隠居した。死去した年はわからない。法嗣に実中・師道□詣・東明□某・一渓禅序があるという。そして引用文献として、富岡百錬蔵本『新葉和歌集』・『梅花無尽蔵』・『雲巣集』・『義堂和尚語録』・『知覚普明国師語録』・『了幻集』が挙げられている。

梅隠が正法寺内に「樵斎」という寝室を構えたことは、『梅花無尽蔵』六の「樵斎記」に見える。正法寺栖雲院主の太初西堂の四代前の梅隠が開いた自身の寝室という樵斎について、太初が一文を万里集九に頼んだものである。『雲巣集』（『五山文学新集』）には、梅隠の記事が二ヶ所ほどあるものの、正法寺に関わるものではない。昭和十三年（一九三八）に立命館大学が刊行した『校註 富岡本新葉和歌集』に、奥書部分の写真が掲載されており、応永三十年（一四二三）三月に筆写した記事等のあと、「梅隠今年三月三日夢」とあるので、おそらくは応永三十年三月三日の示寂であろう。また、この記事には梅隠と並列して惟成親王の名が見え、同一人物を示すものか別人なのか判断が難しい。

④懶雲正融

懶雲は、応永十三年（一四〇六）に天龍寺（亀山）で秉払という儀礼を遂げ、正法寺の信中の塔院・少林庵に帰るにあたって、天龍寺の住持・日峰法朝が一偈をつくっている。ちなみに秉払とは、禅宗で住持になるための通過儀礼（出世コース）の最初のもので、仏教を講義する講堂（法堂）に登壇し、払子（獣の毛などを束ね、それに柄を付けた法具）を振りかざして説法・演説をする儀礼のことである。

その後、鎌倉で万寿寺の第一座をつとめた懶雲は、応永二十年（一四一三）に備州の松蓋山常興寺の住持となった（『正法寺文書』六一丁）。応永二十八年五月には、懶雲は鎌倉東勝寺の住持となり、その折の建長寺芳統らの諸山疏が『正法寺文書』六二丁にみえる。こうした間に、懶雲は正法寺にも住山したのであろう。法嗣の総亀寿兆が応永三十年に懶雲に入門したというので、懶雲の示寂はもう少し後のことと思われる。

なお、懶雲が賛をした達磨画像が長野県木曽郡大桑村の定勝寺にあり、

　六宗邪破一言下、五葉花開万国春、自普通年到今日、是誰箇得見全身、

　　懶雲老衲書之（朱印）

とある。だが、ここでいう懶雲のものかは、印文等を見ていないのでわからない。年は不明だが、潮山（所在不明）の懶雲らしき人が、大桑郷で仏事を行ったことは嫩桂のところで述べたとおりである。応永三十二年夏に、臨済宗江西龍派が京都から正法寺丈室（住持の居室）を訪れたとき、方丈老人

は募詰龍攀の旧作一章を見せたので、江西は感嘆して二章を和し、写して老人にさし上げたという記事が、『続翠詩集』（『五山文学新集』）にみえる。これも懶雲のことではないかと思われる。

⑤総亀寿兆

総亀は逆算すると、応永二十六年（一四一九）生まれである。景徐周麟の「翰林葫蘆集」にみえる総亀の頂相賛等によれば、五歳で懶雲に入門した。信中自敬の俗姪（甥）にあたるという。懶雲の示寂後の長禄二年（一四五八）夏、正法寺の公帖を拝して住持となった。このとき、先の僧都（斎藤持是院妙椿）が財を施して、正法寺の法堂は改観したという。総亀は正法寺内に続灯院を創始し、また聊芳院にも住んだ。懶雲が亡くなったあと、寛正二年（一四六一）春に定林寺へ入寺した。定林寺では、このときに土岐氏の支援で山門の再建が成った。そして正法寺へ帰り、桂昌院や慈光院の主塔をつとめたという。

『梅花無尽蔵』六の明応六年（一四九七）二月の記事では、前年に米田の広徳寺（岐阜県美濃加茂市下米田に光徳寺あり）へ移居した総亀和尚が、正法寺の慈光院を訪れ、数日滞在した。万里集九は七十歳ですでに杖に頼るような状況なのに、総亀は七十九にもなるが健康そのものだと万里が感心している。それからさらに五年を経た文亀二年（一五〇二）、八十四歳になった総亀のため、弟子の春蘭寿崇が景徐周麟に頼んだ寿像賛が前述のものである。総亀はまもなく亡くなっただろうが、その年月日は不詳である。

なお、総亀が正法寺へ住山したとき、法堂が改観したというから、土岐・斎藤氏の力で、このときに正法寺が諸山に指定された可能性が高い。『岐阜市史』では、正法寺が諸山の寺格を有したのは総亀の入寺（長禄二年〈一四五八〉）以前であるが、開基の土岐頼康の政治的力量からいってもっと早い時期と思われるとしている。いずれにしても、これ以降の正法寺は、規定によって十方住持制度（法系に関係なく器量の僧を住持とする制度）が適用されることになるが、十刹位ほどは厳密なものでなかったらしく、これ以後も判明分はほとんど法燈派の人で占められている。

⑥梅南禅初

正宗龍統の「禿尾鉄苕帚」（『五山文学新集』）の偈頌の部に梅南の記事があり、梅南は美濃出身の人とわかる。そして辛巳春（寛正二年〈一四六一〉春）に梅南は上洛して公帖を拝し、霊薬山（正法寺）の住持となったとある。梅南は、正宗龍統の叔父の続翠翁（江西龍派）に学んだことがあり、その縁で龍統はお祝いの偈を頼まれたので、二偈をつくって祝福したという。

『蔭涼軒日録』寛正二年三月二十四日の条に、「美濃国正法寺禅初首座、公文御判遊ばさるる也」とあって、梅南の諱が禅初であることがわかる。在任が三年二夏であれば、寛正四年春までの住山であろう。

⑦元承（げんしょう）
『蔭凉軒日録』寛正五年（一四六四）九月二十六日条に、元承首座が正法寺の公帖をもらった記事がみえる。

⑧璧堂□藺
『玉村稿』に、「九鼎竺重の『九鼎重禅師疏』の「同門」の部に「璧堂菌首座住濃州正法」という同門疏が見えるとある。九鼎も法灯派東海竺源の門徒である」という。また、応仁の乱以前の入寺者という。

⑨その後の住持者（判明分）
・元甫：文明十七年（一四八五）九月公帖
・実仲：明応五年（一四九六）頃に住山
・春蘭寿崇：文亀二年（一五〇二）住山（永正四年〈一五〇七〉夏までか）
・東旭寿牧：永正四年五月公帖
・一渓禅序
・東明元杲：永正十年五月公帖

・守揄：永正十五年四月公帖
・天章
・従西堂

これら入住者の詳細は、拙稿「臨済宗五山派・美濃正法寺の興亡史」（『花園大学国際禅学研究所論叢』五号、二〇一〇年）を参照していただきたい。

正法寺への文化人の往来

応仁元年（一四六七）に発生した応仁の乱の戦場は主として京都であったため、美濃は比較的安定していたといえる。そのため、応仁の頃に京都から利渉守溱が正法寺へ下向してきた。この人は正法寺の人たちと同じ法燈派に属し、次のような法系に連なっている（系図7）。

『梅花無尽蔵』一に、「呈利渉和尚、時住霊薬山正法禅寺開山塔」と題する文明元年（一四六九）の絶句が収録されており、すでに利渉は開山塔院の慈光院に住んでいることがわかる。彦龍周興（げんりゅうしゅうこう）は文明四、五年に十五、六歳で近江から美濃へ入り、承国寺（じょうこくじ）辺（岐阜県各務原市）に寓した。当時鵜沼（うぬま）（各務原市）にいた万里集九にも教えを受け、文明九年に十九歳で河内へ赴き、また文明十一年までに二度も美濃と河

無本覚心─┬─孤峰覚明─聖徒明麟─伯厳殊楞─利渉守溱
　　　　　└─嫩桂正栄─信中自敬─総亀寿兆─春蘭寿崇

系図7　法燈派法系図

内を往来した（『五山禅僧伝記集成』）。彦龍の『半陶文集』三の「明甫字説」には、乱を避けて来岐中の利渉老師から教えを受け、また利渉が泉南の地に移ると、彦龍も一緒に赴き詩や連句の手ほどきを受けたとある（『玉村稿』）。

文明十三年（一四八一）秋には、著名な画僧・雪舟等楊が正法寺を訪れた。雪舟は渡明して禅や絵を学んだ人で、万里集九も「屏風、雪舟等楊画く所の跋」文（『梅花無尽蔵』六）で、「金碧を施さず、意は筆の外を翔ける。趣は宇（宙）中を跨ぎ、寔に縄墨の制する能う所に非ざるなり」と驚いている。万里のために雪舟は中国の風景である金山図を描き、万里が一偈を書いた（『梅花無尽蔵』一）。また雪舟は、正法寺の春蘭が伊自良（岐阜県山県市）に楊岐庵を構えて招かれたので、赴いて「山寺の図」を描いたらしい。この図は長らく出羽国の立石寺（山形市）を描いたものと見られてきたが、美濃国伊自良の楊岐庵を描いた図との提唱がなされた。

たしかに楊岐庵の風景を描いたものであることは、山寺の図の上半にある賛文によって判明する。それは、八十一歳の希世霊彦が「楊知賓画所の山寺の図に題す」とあり、蘭坡景茝の賛のあと横川景三の賛に「寺は楊岐に似て屋壁疎なり、」とあることによる。この山寺の図は、原本は早くに失われ、寛文十二年（一六七二）に狩野常信の模写したものが東京国立博物館に所蔵される。雪舟がこの図を描いたのち、これを贈られた春蘭の依頼で、文明十五年（一四八三）に京都で希世らが賛を書き入れたものと考えられる。

万里集九は、文明十三年に三体詩の講義をするために革手城（岐阜市）に招かれていて、旧知の春蘭が新築成った楊岐庵に正法寺の住僧たちを招請したので、万里も馬を借りてこれに乗り、はるばる二十キロほど出かけて伊自良で二泊して三日目に革手へ帰ったと記している（『梅花無尽蔵』二）。この図の現地比定については、拙稿「雪舟の来濃と革手・伊自良」（『中山道加納宿』四〇、二〇〇二年）を参照されたい。

なおこの頃、京都から甘露寺親長や四条隆量などの公卿も革手城へ下向してきていて（『梅花無尽蔵』二）、革手に文化の花が咲いたような状況を呈していた。

山水図（雪舟等楊筆、狩野常信模）
東京国立博物館蔵　出典：ColBase
（https://colbase.nich.go.jp/collection_items/tnm/A-2291?locale=ja）

正法寺十境と漁網事件

正法寺に十境（十景）が定められていたことは、『梅花無尽蔵』七に見える。万里はその一つの「天碧」に因んで、明応七年（一四九八）十一月に一文を草している。その文中に、洲匯（川をめぐらす中洲）あり、その西北は天碧と号して十境の一つである。慈光院の後で、琵琶江という。ここは天碧の下流にあたるといわれる。昔盲人がここに沈み、今でも風雨の夕べには、琵琶の音が聞こえてくるという。また魚介がたくさん集っており、寺ではここを禁漁にして大切にしている。ゆえに放生（殺生禁断）の池としており、中国の西湖のようである。ところが、明応七年十一月十九日の未明に、無頼の徒六、七人が漁師と偽り舟を使って投網漁を行った。祖塔（慈光院）の僧は、拍子木を打つときに気付いて、犯人たちを捕えようとした。徒は網を捨てて舟で逃げ去った。僧は網を開いて魚を数百尾逃がした。

官府はこれを聞いて、府君土岐政房が重臣の斎藤利安に命じて、十一月二十二日に正法寺の山門前で、薪をもってこの網を焼いた。煙は空をおおい、網は灰となった。山内の僧たちが多数観覧し垣根のようであった。自得老和尚は、五十年前にも同じようなことがあったと言った。

とある。文中に放生の池とあり、閉鎖された池のようにもとれるが、これは荒田川の渕であったと筆者は考えている。

正法寺の伽藍・寺領

正法寺の伽藍は、幸いにしてその概要が『船田戦記』（美濃守護土岐成頼と、土岐家の執権斎藤利国の被官石丸利光が争った舟田合戦の顛末を、後の慶長年間（一五九六～一六一五）に淳岩がまとめたもの。史料的価値が高いとされる）にみえている。その明応四年（一四九五）六月二十一日の条によると、仏殿・僧堂・庫院・浴室・鐘楼・庾倉（米蔵）・山門があり、長廊や外周に墻壁をめぐらしていた。この墻壁は軍兵が建物を毀して建てた急造のものかもしれない。これら主要建物に放火された記述はなく、おそらくは永禄年間（一五五八～七〇）に織田信長による兵火に罹るまでは存続していたものと思われる。正法寺の法堂は、長禄二年（一四五八）頃に、斎藤妙椿の寄進により改観した（再建か）という。

寺領については、室町幕府指定の諸山（五山制度に基づく寺格の一つで、五山・十刹の下）として、経営が成り立つだけの所領が寄せられていて、守護土岐氏や幕府の被護を受けていたのであろうが、具体的にどこにあったかはまったく記録が残っていない。同じ諸山の鵜沼承国寺の場合は、加茂郡白川や安弘見（岐阜県中津川市）が寺領で、承国寺前住の南渓全曹が隠居所を建てるためにこの二境を訪れていることからして（横山二〇〇八）、春蘭が楊岐庵を構えた伊自良や、牛欄室を構えた八百津（同八百津町）のそれぞれ一部が寺領として考えられるが、想像の域を出るものではない。

正法寺の終焉

以上のように、管見する限りの史料を駆使しても、天文十六年（一五四七）より後の状況をとらえることは難しい。天文十三年九月には、尾張の織田信秀と越前の朝倉氏との連合軍が斎藤道三の守る稲葉山城（岐阜市）を攻めたが、正法寺は戦火を受けなかったらしい。そのあとの戦火といえば、永禄九年（一五六六）八月の信長による美濃攻めがある。

『岐阜県史』史料編収録の『中島文書』によれば、同年八月二十九日に信長は、河野島（岐阜県岐南町）へ兵を進めてきた。信長による稲葉山直撃作戦である。このとき道三の孫斎藤龍興が即座に兵を差し向けたために、信長は兵を引いて川畔に陣を張った。その翌日は風雨のため木曽川は増水して戦はなされなかった。ようやく水量が減った閏八月八日の未明になって、龍興が奇襲をかけたために、不意をつかれた信長方が敗れ、川へ逃げ込んで溺れるなど、必死の思いで退去したという。この文書は龍興側が出したものであり、信長方が不利のように書かれている。しかも、この戦は信長による龍興側の防衛力を調べるためであったともみられ、信長方が一方的に敗北したということではないものと考えられる。

翌永禄十年九月六日には、西美濃三人衆（稲葉良通・安藤守就・氏家直元）が信長へ内応し、ついに信長は稲葉山城を攻略したが、このときは稲葉山城をめぐる戦であり、天文十三年のときと同じく、城下から四キロも離れた正法寺が炎上するとは考えがたい。とすると、永禄九年八月のときに戦火に罹った可能性が高い。

こうして正法寺はまったくの廃寺となってしまったため、同寺に関係する古文書等の直接的な史料は消滅してしまった。ここまで見てきたように、正法寺の創建は、土岐頼康が関わったというよりは、その前代の頼遠にかかる可能性が高いのではないか。頼遠は刑死であったために、これまた頼遠の史料はきわめて少ない。

土岐頼清と松山瑞巌寺

瑞巌寺（岐阜県揖斐川町）は、土岐頼清が延元元年（一三三六）六月に摂津国芥川（大阪府高槻市）の陣中で急死したことをうけて、その子頼康が、菩提寺として建立したといわれている。

土岐頼康は、建仁寺や南禅寺で住持をつとめた大林善育（僧海禅師）を開山に迎えた。大林は五山派の楊岐派虎丘下の松源派のうち法海派に属する人で、無象静照（嘉元四年〈一三〇六〉没）を派祖に仰いでいる。

瑞巌寺には栗棘庵・多福庵・雄心庵・退耕庵という塔頭があり、また文和四年（一三五五）に後光厳院勅願所の勅額および、寺号に報国の文字を加えて、「瑞岩報国禅寺」の宸筆を下賜された。これに合わせて伽藍を新造したという（『揖斐郡志』）。大林は応安五年（一三七二）十二月五日に示寂した。

その後、明徳元年（一三九〇）五月六日、将軍足利義満は、美濃・尾張で八ヶ所の所領を寄進した。

これは二世大中善益のときで、その大中は応永七年（一四〇〇）十月四日に示寂した。七十四歳であった（以上「揖斐瑞岩歴代並記録写」）。同記録によれば、応永元年（一三九四）に塔頭栗棘庵から火を発して焼け、応永五年に梅嶺首座が再建をした。応仁二年（一四六八）にも諸堂の大半を焼く兵火に罹り、焼死者も十八人という大災害となった。このときは栗棘庵が離れた地にあったので類焼を免れたという。

その後、十世禅統は、栗棘庵を仮本坊として諸堂の再建を進めた。そして十一世堪堂は栗棘庵の鐘楼を建て、同寺に本坊の再建をした。そしてつづいて多福庵・退耕庵・雄心庵などの再建も進めた。降って慶長七年（一六〇二）にはまたまた火災に罹り、諸堂とも全焼した。このときは、大垣城主の石川忠総の寄進で諸堂を再建した。『揖斐郡志』では、慶長七年ではなく十年に本坊から出火、退耕庵・多福庵・雄心院などが類焼したとある。寛永元年（一六二四）、大垣城主岡部内膳正長盛が本堂等の再建を進め、同五年に落成したという（『揖斐郡志』）。

土岐頼康と室町幕府

土岐頼清の子・頼康は長らく伊予国にいたが、叔父で当時の惣領頼遠が光厳院に対する不敬事件で処刑されると、早く伊予から入洛して、将軍に謁見し、美濃国を相続せよと命じられた。ついで、美濃に加えて伊勢・尾張とともに三ヶ国を領することになったと、後年に作成された画像賛に記されている（応永二十一年惟肖得岩製土岐頼康画賛、「葛藤集」一五二丁）。また、本拠を長森城から革手（岐阜市）に移し、叔父の頼明（よりあき）（周済）が頼康を補佐したという（『濃飛両国通史』）。

だが、観応元年（一三五〇）七月、土岐周済が弟の左衛門大夫入道や右衛門蔵人、舟木入道と共に南朝方と手を結んで頼康に反旗を翻した。翌月には反乱は鎮圧され、周済は処刑された。これで美濃国内で頼康に刃向かう者はいなくなり、頼康の政権は安定に向かった。

土岐周済の乱鎮圧直後、足利尊氏の弟直義（ただよし）と執事高師直（こうのもろなお）の争いに端を発する観応の擾乱が勃発した。頼康は一貫して尊氏方として行動し各地で軍功を上げ、同二年、恩賞として尾張国守護職を与えられている。

土岐頼康画像　岐阜県揖斐川町・瑞巌寺蔵

なお、観応の擾乱の混乱に乗じて、南朝方の動きが再び活発になる。文和元年（一三五二）閏二月に南朝方の軍勢が京都を落とすと、頼康は後に二代将軍となる足利義詮（よしあきら）と共に近江に移り、ついで頼康は本国美濃に戻った。美濃で軍勢を集めた頼康は義詮と共に進軍し、三月には南朝方から京都の奪還を果たしている。

この年、史上著名な最初の半済令（はんぜいれい）が近江・美濃・尾張の三ヶ国を対象に発せられた。このときの半済令は、軍費調達のために一年間に限って荘園・公領の年貢の半分の徴収権を守護に認めたものである。対象三ヶ国のうち美濃・尾張と頼康の守護国が二国も含まれているということは、それだけこれらの地域が戦場になっていたこと、そして頼康に対する尊氏・義詮の信頼が厚かったことを意味していよう。

実際、頼康はこの頃、美濃・尾張だけではなく、幕府の命に応じて伊勢・京都・摂津等でも戦闘を行っている。頼康は文和二年から翌三年まで、弟の直氏が貞治三年（一三六四）から翌四年まで侍所頭人をつとめているなど、土岐氏には京都の治安維持も期待されていた。

さて、文和二年六月に南朝軍が京都に突入すると、義詮は後光厳天皇を連れて頼康の領国美濃国に落ち延びた。このとき義詮は垂井（岐阜県垂井町）に、後光厳は小島（同揖斐川町）を居所としたという。後光厳が移った小島は山深い地で、周辺は頼康の弟頼雄が勢力を伸ばしていたとされる。義詮は七月に京都を落とし、後光厳も九月には京都に戻った。

こうした中で、延文三年（一三五八）には足利尊氏が亡くなった。頼康は出家して善忠と号している。延文五年には仁木義長の失脚をうけて伊勢守護に任ぜられ、これで頼康は美濃・尾張・伊勢の三ヶ国の守護職を保持する有力者となった。

だが、貞治五年（一三六六）に幕府の重鎮斯波高経・義将父子が没落すると、細川頼之が管領に就任した。この中で仁木義長が復権を果たし、頼康は伊勢守護職を没収されてしまう。とはいえ、幕府の重鎮という頼康の立場までが失われたわけではない。

　貞治六年十二月に義詮が三十八歳で亡くなると、その跡を義満が相続した。義満は当時まだ十歳と幼少であり、細川頼之が義満の補佐を担当した。頼康も引き続き幕府の評定に出仕し政務に携わるなどしたが、頼之とはそりが合わなかったようで、父の仏事のためと称して応安三年（一三七〇）に美濃へ帰国し（『後愚昧記』）、幕政には関与しないようになる。

　康暦元年（一三七九）二月二十二日、長らく美濃に逼塞していた頼康だが、京極高秀とともに陰謀を企てているとされ、突如追討命令が出された（「花営三代記」）。このとき、頼康の甥（頼康の弟頼雄の子）で義満の近習をつとめていた義行が逐電（行方をくらますこと）している。頼康が追討されようとしたのは、この頃動きがあった頼之排斥の首謀者と目されたからのようだ。だが、頼康が義満に無実を訴え出たことにより、結局これは実行されなかった。京極高秀も同じく赦免されている。

　頼康が赦免されると多数の土岐一族が上洛し、高秀とともに義満の居所・花の御所

- 頼貞
  - 頼清
    - 頼康
      - 康行（世保家）（義行）
        - 康政
          - 持頼
      - 満貞
    - 頼基
    - 頼雄
      - 康行
      - 満貞
    - 頼里
    - 頼忠（土岐西池田家）
      - 頼益
        - 持益
          - 持兼
          - 成頼
            - 政房
            - 定頼
            - 元頼
    - 直氏
      - 詮直
      - 満康
  - 頼遠
  - 頼基
  - 頼兼
  - 頼明

系図８　土岐氏略系図（南北朝・室町期）

を包囲し、頼之の罷免を求めた。結果、義満の命で頼之は失脚し、頼之をはじめとする細川一族は四国へと落ちて行った。そして頼康は念願の伊勢国守護職を取り戻すことになる。

この後、頼康はとくに幕政に携わることなく嘉慶元年（一三八七）十二月、小島の瑞巌寺で亡くなった。享年七十歳であった。

頼康には頼基・頼雄・頼里・直氏・頼世（頼忠）といった弟がおり、それぞれ美濃・尾張の各地を拠点とし、頼康・土岐氏の繁栄を支えた。彼らはさらに分家を続け、明智・石谷・揖斐・御器所・肥田といった家は幕府の奉公衆や外様衆に組織されていくことになる。

土岐康行の乱

頼康には子がなく、甥の義行が土岐氏惣領を相続した。それ以前、応安二年（一三六九）には侍所頭人をつとめている。また、義行の「義」字は、将軍より偏諱を賜ったものと考えられている。

代替わり直後から、土岐氏と幕府との間にはすきま風が吹き始めた。嘉慶三年（一三八九）に義満が義行の弟で自身の近習だった満貞に尾張国守護職を与えると、これに反発した直氏の子詮直と満貞の間で争いが起こり、敗れた満貞は京都に逃げた。満貞は義行と詮直の謀反を喧伝し、義満は義行らの追討を決定する。頼康の弟である土岐頼忠・頼益父子らが追討に赴き、義行は明徳元年（一三九〇）閏三月に美濃国小島で挙兵するも敗れて没落した。これにより、義行は美濃守護職を改替され、頼忠に与えられた。これ以後、義行は「康行」と名乗っており、将軍から与えられた「義」字は没収されたものと考えられている。

なお、義行が惣領となったのが嘉慶元年十二月二十五日、義満の追討をうけて没落したのが明徳元年閏三月二十五日のことなので、治政は二年半にも満たなかった。そのため、美濃において義行の業績はほとんど残っていない。

土岐康行が寄進した梵鐘と鐘銘　岐阜県美濃加茂市・龍安寺蔵　画像提供：美濃加茂市民ミュージアム

ただ、土岐氏の惣領を継承する三年ほど前の至徳元年（一三八四）に義行は、美濃国永安寺（岐阜県美濃加茂市伊深町）に梵鐘を寄進している。高さ一一三センチ、口径六〇・五センチの梵鐘で、銘文によると大工葛木友宗により至徳元年の秋に鋳造されたものであることがわかる。葛木友宗は大和国下田（奈良県香芝市）の鋳物師（いもじ）であった。鐘銘は次のとおりである。

大日本国美濃州武儀郡
揖深荘碧雲山永安禅寺
鴻鐘
至徳元年甲子季秋朔丙申日晦日乙丑
住持比丘瑞延
大檀那源朝臣義行
大工葛木友宗

永安寺の開山は海禅と伝わっており、海禅瑞延（かいぜんずいえん）のことであろう。法系はわからないが、法諱の傾向から見ると、夢窓派の僧であろうか。義行が遺跡を継ぐ三年前に梵鐘を寄進したことからみると、この永安寺を菩提寺にと考えていたものと思う。すると、自身の居館も永安寺の近く、伊深のあたりに築いたと考えてもよいのではないだろうか。

ここに紹介した梵鐘は、享保十七年（一七三二）に近くの田から出土したもので、永安寺そのものも、寺名など全くわからなくなっていた。永安寺が廃寺となった正確な時期は定かでないが、どうにか存続していた天正期（一五七三〜九二）頃に、南化玄興（なんかげんこう）が同寺を訪れたことがある。「南化玄興遺稿」上によれば、南化は時折りといっても、春や秋に一、二の供を連れて碧雲山を訪れていて、隣は加治田の梅村氏に一中斎の斎号に因む一文を書いてほしいと頼まれて、「一中斎の記」を書いたと述べている。

文中で南化は「一宇の山房あり、碧雲と曰う」としている。これがその後廃寺となっていた碧雲山永安寺と思われる。

なお、康行は明徳二年（一三九一）に赦免され、伊勢守護として返り咲いた。この系統は世保(よやす)家と呼ばれ、伊勢守護職を継承していった。後述するように、美濃では土岐西池田家が主流となっていくが、本来的には世保家が惣領と目されていたようだ。

康行は応永十一年（一四〇四）または同十三年に死去している。

第三章　土岐西池田家の時代

土岐西池田家の祖・土岐頼忠

『蔭涼軒日録』延徳二年（一四九〇）条によれば、九峯の話として、次のようにある。土岐善忠（頼康）退治のとき、家督を「池田」家に定めた。これは相国寺(しょうこくじ)第五世の雲渓支山(うんけいしざん)の尽力による。そのお礼として、玉村保（美濃国の近江境の村）を池田家から相国寺へ寄進することになった。しかし、土岐氏はこれを押領して返さず、前代未聞のことになっているという。さて、頼忠（頼世）は頼康・頼雄の弟である。早く大鑑の室（清拙正澄の室下）に入って教えをうけ、正庵真兼居士との法諱を授けられた（「嬾室漫稿」〈『五山文学全集』所収〉）。

頼康が健在の頃は、頼忠は美濃国池田郡を拠点としていた。そのため、この家を土岐西池田家という。土岐康行の乱の際に土岐氏は尾張・伊勢二国を取り上げられたが、雲渓支山の支援もあって、頼忠は康行討伐の功績で美濃一国の守護を拝領し、守護代として富島(としま)氏を起用した。この後、土岐氏はこの土岐西池田家が主流となっていく。応永二年（一三九五）に頼忠は守護職を子の頼益(よります)に譲り、応永四年（一三九七）八月十一日に死去した。法名は禅蔵寺殿正庵真兼大居士である。

墓は岐阜県池田町の禅蔵寺にある。その法名からみると、この禅蔵寺を頼忠が生前に菩提寺として建てたと考えられる。また、禅蔵寺には次のような銘文をもつ宝篋印塔がある（土岐氏関係分のみ抽出する）。

①宗□居士　＊旧銘の上部から「明応八年、五十川太郎康信墓」という銘文を彫っている。

至徳三年八月十日

②霊渓妙公大師

土岐頼忠ならびに一族の墓　頼忠のほか、子の頼益、頼忠の母玉洞院殿智山性彗大師など一族の墓が10基並ぶ　岐阜県池田町・禅蔵寺

応安二紀己酉二月十八日

③智山性恵大師　＊土岐頼清室

貞治丁未六年十月十五日

④正庵禅定門　＊正庵は土岐頼世（頼忠）の法名。応永四年丁丑八月十一日に亡くなっており誤り。

丁巳八月十一日

⑤正永大師　＊『揖斐郡志』未収。

応永十九　九月□

⑥寿岳大禅定門　＊土岐頼益塔

応永廿一年甲子四月四日

土岐頼益と応永の乱

頼忠の子頼益が、頼忠の跡を継いで美濃守護として活動した。革手城主という説もあるが、館は岐阜県池田町本郷の本郷城かと考えられる。頼益が家督を相続したのは応永二年（一三九五）で、この頃はまだ池田郡内（池田城）を拠点に活動していただろう。富島氏を引き続き守護代として起用しており、次の頼益文書が残る。

祇園社雑掌申、美濃国加茂郡深田・富永事、任両度御教書之旨、可被沙汰付彼雑掌之状如件、

応永三年八月十二日　沙弥（土岐頼益）（花押）

富島能登守（吉中）殿

応永六年、西国の雄・大内義弘が足利義満と対立して堺（堺市）で挙兵すると（応永の乱）、頼益は義満の命に従い畠山基国・斯波義将ら幕府の諸将とともに東寺（京都市南区）に布陣し、その後、義弘を攻めるため堺に従軍した。

一方、大内義弘はこのとき、鎌倉公方の足利満兼、興福寺、延暦寺、京極五郎左衛門、山名一族の宮田時清等をはじめ、土岐詮直にも挙兵を促している。詮直は頼清の孫、直氏の子で、明徳元年（一三九〇）に土岐康行の乱に連座するかたちで没落していた。詮直は義弘に応えて居城長森城（岐阜市）で挙兵すると、尾張に討ち入り味方を増やすと再び美濃に攻め入った。だが、義満に従って堺に在陣していた頼益が急ぎ美濃に戻り、十一月半ば頃には長森城に拠る詮直らを討ち果たし、その首を

義満に進上している。

このような軍功もあってか頼益は足利義満・義持父子の信任をうけ、評定衆（ひょうじょうしゅう）や侍所頭人（さむらいどころとうにん）など室町幕府の要職を担った。

頼益は、応永二十一年（一四一四）四月四日に亡くなり、興善寺殿寿岳常保大居士と諡（おくりな）された。『尊卑分脈』には、頼益のところに「次郎、美濃守、左京大夫、号萱津、法名常保、道号寿岳、於尾州古井・濃州高桑并牧城等数ケ度亡敵」とみえる。「号萱津」とある萱津（かやづ）とは、現在の愛知県あ

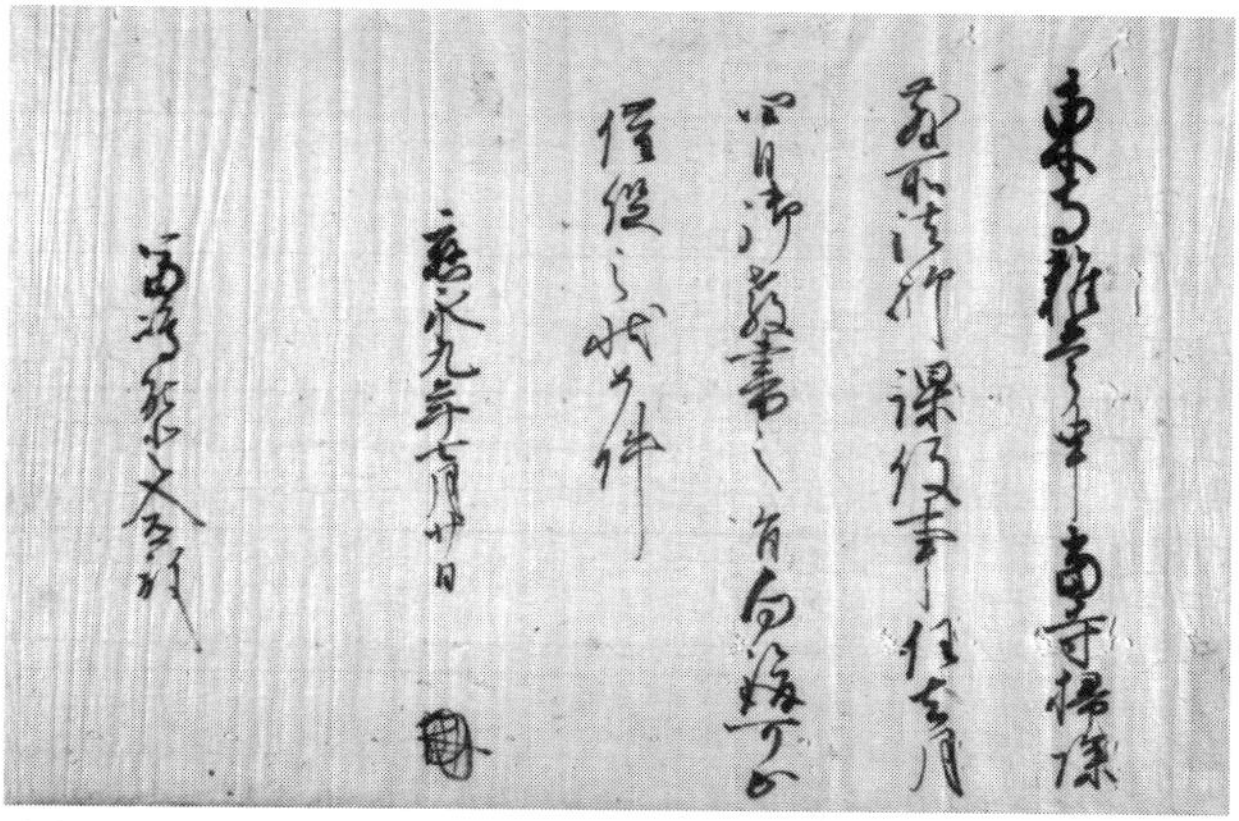

応永９年７月20日付け土岐頼益遵行状　「東寺百合文書」　京都府立京都学・歴彩館蔵

足利義満木像　京都市北区・鹿苑寺旧蔵

土岐頼益・斎藤利永の墓　岐阜県各務原市・大安寺

ま市旧甚目寺町萱津にあたる。頼益は尾張守護にはなっておらず、また本拠は池田郡周辺であり、関係はよくわからないが、これは土岐氏が尾張守護を没収された明徳以前に関係があったものだろうか。

興善院（寺）は池田町の禅蔵寺近くに建てられた寺と考えられるが、同名の寺が京都建仁寺内にも建てられていた。開山和尚はどちらも夢窓派の鈍仲全鋭である。頼益はずっと美濃にいたというわけではなく、在京半分、在濃半分ほどかと考えられ、そのため京都建仁寺内と美濃の守護館近くに興善院が建てられたのではないだろうか。頼益の墓は両方に造立された可能性があり、美濃（池田町）の塔は現在禅蔵寺にある。各務原市鵜沼の承国寺は、開山が鈍仲全鋭とされながらも、その墓塔は現存せず、勧請開山なのであろう。もし鈍仲の墓があるとするならば、京都の興善院であろうが、廃亡とともに不明となってしまった。

また、頼益は鈍仲全鋭に帰依する以前は、峰翁祖一の法系を引く笑堂常訢に帰依して鵜沼の地に大安寺を創建したことが知られている。寺伝では応永二年の建立とされる。頼益が守護職を継いだのが応永二年、笑堂常訢の死去が応永十八年七月九日なので、その間の創建であることは間違いないだろう。なお、大安寺には現在、頼益の宝篋印塔とされるものがあるが、これは昭和七年（一九三二）に栗木謙二氏が寄せ集めて完成させたものなので、注意が必要である。

土岐持益と北畠満雅討伐

応永二十三年（一四一六）八月十六日と翌二十四年十二月二十日に、管領細川満元から土岐祢井法師宛てに将軍足利義持の御教書が出されており、名乗りからして持益はまだ元服前とわかる。六年後の応永二十九年三月二十四日には土岐次郎宛てになっているため、これまでに元服を済ませたものと考えられる。

足利義持画像　京都市右京区・慈済院蔵

応永二十一年、明徳三年（一三九二）の南北朝合一時の約束（持明院統から大覚寺統への皇位移動など）が守られていないことを不服とした北畠満雅が伊勢で挙兵した。これに対し足利義持は翌年四月、持益を大将とした鎮圧軍を派兵し、満雅が籠もる阿坂城（三重県松阪市）を包囲するも、これを落とすことができず、大覚寺統（南朝）の後亀山法皇の仲介によって和睦

承国寺跡の土塁　岐阜県各務原市

した。

足利義持は正長元年（一四二八）正月に四十三歳で亡くなった。持益は義持から偏諱を受けており、左京大夫の官途を得、侍所頭人にも任じられている。

義持が死去した約半年後の七月、称光天皇が死去し持明院統が断絶する可能性が高くなると、義持の跡を継いだ弟の足利義教は称光の父後小松上皇と相談のうえ、持明院統の庶流で伏見宮貞成親王の子彦仁王を後小松の猶子として践祚させた（後花園天皇）。ここでも南北朝合一時の約束は守られず、これに絶望した南朝後胤の小倉宮聖承（後亀山法皇の孫）は絶望し、居所の嵯峨より逐電した。このとき頼ったのが伊勢の北畠満雅である。正長元年（一四二八）八月、満雅は聖承を擁して再び幕府に対し挙兵すると、持益は伊勢守護で同族の土岐世保持頼（康行の孫）のほか赤松満祐・山名持豊とともに鎮圧のため出兵した。満雅は翌年十二月、長野満藤・仁木持長・一色義貫らの軍勢に攻められて討ち死にし、反乱は終息した。

持益は、文明六年（一四七四）九月七日に亡くなった。法名は承国寺殿前左京兆大助常祐居士という。その諡のとおりの承国寺（各務原市）が建立された。はじめ文安二年（一四四五）頃、後の承国寺の西方に池田町から興善院が移され、その後、大安寺川の東に承国寺が建てられたとみられる。むしろ、承国寺の位置に持益の守護館が移され、そのときに興善院が移されたのではないだろうか。ついで長禄元年（一四五七）頃に守護館が土岐成頼（しげより）によって革手に移されるとともに、持益の館跡を承国寺に転用したというのが筆者の説である。

承国寺跡を歩いてみると、西側北方と北側に土塁が残る。寺であれば土塁は必要としないが、これは守護館の外周をめぐらす土塁でなかったかと思われることが根拠として挙げられる。

持益の菩提寺・承国寺

承国寺の寺跡は、各務原市鵜沼古市場町四丁目にあり、寺域は三ヘクタール以上に及ぶ広大な敷地であったらしい。寺の中心部と思われる所に常（ママ）国寺記念堂が建てられている。その中の無縫塔（むほうとう）の台座に、「常国寺開山禅師大和尚之碑、興国二年（一三四一）乙未七月八日逝去、記念堂建立之際、蓮台以下□造」と刻まれている。

また寺標石には、「広撰山常国寺記念堂」ともあり、一見したところでは、山号寺号は「広撰山常国寺」で、開山和尚が示寂したのは興国二年七月八日であると思ってしまう。これらのことは、本龍寺（ほんりゅうじ）（愛知県犬山市犬山寺内町）にある江戸時代以降に書かれた資料によったものと思われるが、史実に基づいたものではないと思われる。

それでは、南豊山という山号はどうしてつけられたのだろうか。もちろん禅語に因むのであろうが、いま一つは、寺から北へ二キロの所に済北山大安寺があることと関係していると思われる。すでに述べたように、大安寺は笑堂常訢が応永年間（一三九四～一四二八）に創建し、その後、守護代斎藤氏の氏寺となっていたので、大安寺の南方にあたるという意味を含んでいると筆者は考える。

土岐持益より前の土岐氏歴代は、頼康・頼忠・頼益と拠点を小島館や池田館に構え、菩提寺もそれぞれその近くに建ててきた。ところが、持益の代に至って、なぜ今までの本拠地から遠く離れることになったのであろうか。

土岐頼康のあと、康行の代になって、美濃・尾張・伊勢三ヶ国の守護職を没収されたとき、土岐氏の出で夢窓派の禅僧雲渓支山の尽力で、一族の土岐頼世（頼忠）が美濃守護に任命され、土岐氏は断絶を免れた。頼世は池田館に拠り、禅蔵寺を菩提寺にしたことは前述のとおりである。頼世・頼益と二代続けて安定した支配を行い、守護代には富島氏が就任していた。ところが、土岐西池田家三代目の持益の代になって、富島氏を討って斎藤氏が守護代に成り上がるという事件が起こった。

この事件は、文安元年（一四四四）閏六月十九日に、京都にある土岐氏の屋形で発生した。難を逃れた守護代一族の富島八郎左衛門は、屋形の門外で土岐氏の被官石河氏・久富氏ら三人を捕えて守護代邸に帰り、この三名を殺害したのち放火した。ついで一族郎党と共に管領の畠山持国（もちくに）邸に駆け込み実情を訴え、善処を申し入れたがとりあってもらえず、やむなく即刻美濃へと馳せ下った（『康富記』、

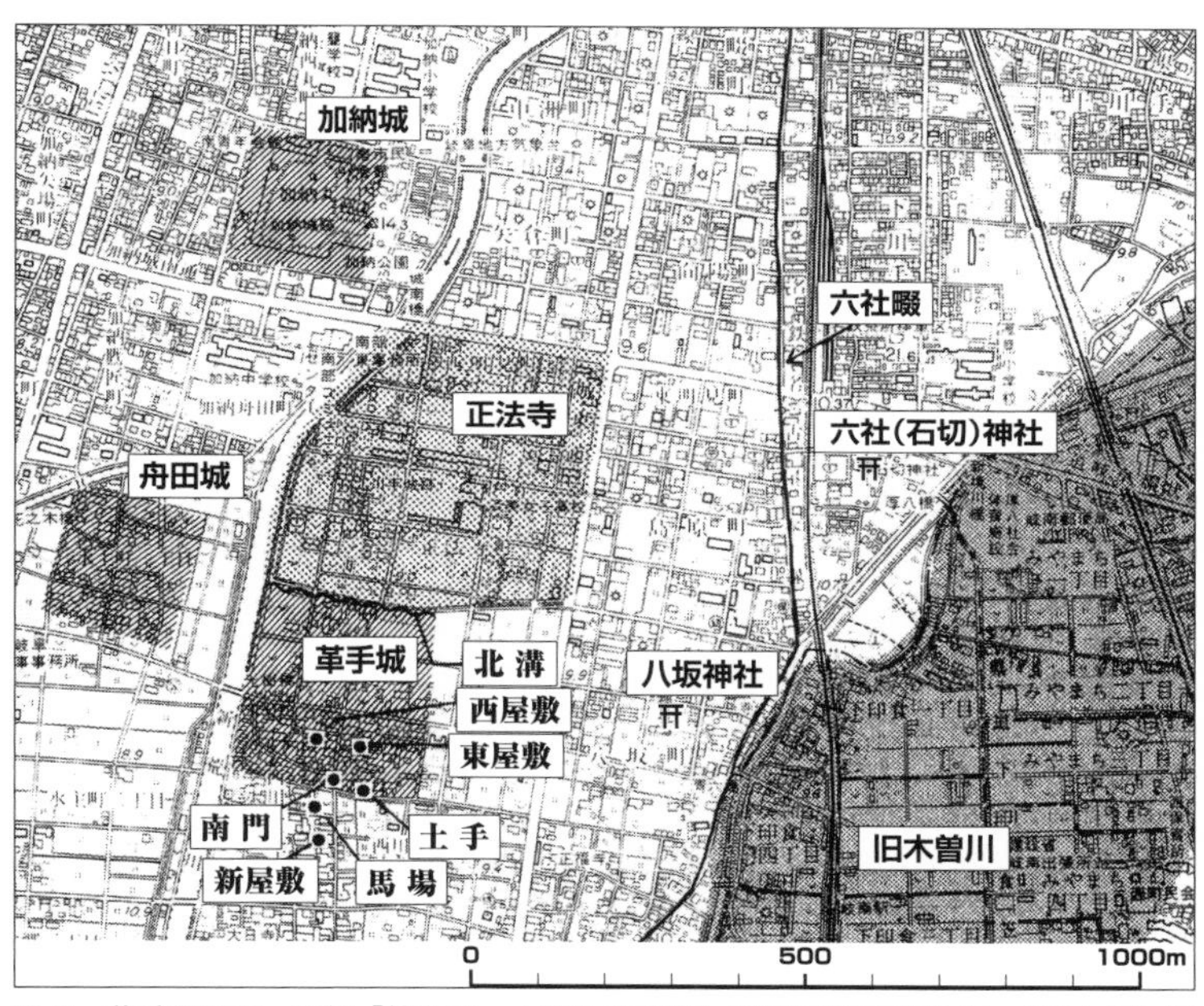

図２　革手周辺図　図録『特別展　土岐氏の時代』（岐阜市歴史博物館、1994年）掲載図をもとに作成

『斎藤基恒日記』）。

守護代となったのは、斎藤越前守入道宗円で、宗円は事件に先立ち、管領の畠山氏など幕府上層部にも万端手を打っていたものと考えられる。したがって、宗円には何の処罰もなく、守護代に就任したのである。

宗円は美濃へ下った富島氏に対処するため、土岐持益以下の在京衆の多くと共に、文安元年八月七日に美濃へ向かった。近江路は富島氏が押さえていて危険なため、伊賀・伊勢を経て美濃に入った。その間の八月六日と十日に美濃で合戦があったが、留守部隊のみの土岐・斎藤勢は抗しきれず、富島方に宗円の館のごく近くまで攻め込まれてしまう。だが、あと一歩というところで留守部隊が食い止めた。持益・宗円らの美濃到着後は、富島氏の攻撃もなくなり、平穏を保った。五年後の宝徳元年（一四四九）九月十四日には再び合戦となり、斎藤・富島両軍の死者は若干名にすぎなかったが、負傷する者は多数にのぼった。そして翌宝徳二年九月一日には、上京していた宗円が富島氏に討ち取られるに至った。

　このような混乱時に立ち至り、池田館では近江に近いために富島氏の攻撃にさらされる危険がいつもあることがわかった。文安二年（一四四五）八月には、宗円の後継者・斎藤利永（としなが）が加納（かのう）城（岐阜市）を築いたといわれている。これは守護代富島氏暗殺事件の翌年にあたる。また、岐阜市加納の盛徳寺（せいとくじ）には、宗円の墓もある。そうすると、斎藤氏の拠点は加納に移されたとみてよいだろう。加納の東隣が革手（岐阜市上川手・下川手）で、ここに南北朝時代から五山派の霊薬山正法寺があった。当然守護館は、池田からこの革手に移されたと誰もが考えるであろうが、筆者はさらに安全な鵜沼の地に移されたものと考えている。

　承国寺跡の地は、南は木曽川に面している。木曽川の下流には革手・加納があり、墨俣（すのまた）があった。川による人や物資の輸送はごく簡単・多量に行うことができる。のち長享元年（一四八七）に、近江の六角（ろっかく）氏が幕府の追討を受けたとき、六角氏と同盟していた土岐氏が、革手から細目（ほそめ）（岐阜県八百津町）に館を移したのも、細目に木曽川の湊があるのと共通している。また、承国寺跡の地は北・西・東の三方を土塁で囲まれていたので、単なる寺院というよりは、中世城館を流用したとみたほうがよいのである。寺であれば、外周を壮大な土塁などで囲む必要性がないといえる。

承国寺の開山は、夢想派の鈍仲全鋭といわれる。しかし、鈍仲は守護代争いがなされた文安元年から四年前の永享十二年（一四四〇）三月二日に、建仁寺の興善院で亡くなっているから、仮に文安元年に承国寺が建てられたとしても、鈍仲は勧請開山ということになる。さらに、承国寺が鈍仲存命中に建てられたと考えた場合、池田館付近であれば納得できるが、持益にとって何のゆかりもない鵜沼の地になぜ菩提寺を建てなければならなかったかという疑問に答えることができない。

開山鈍中全鋭の百年忌香語が、内閣文庫本『明叔録』に見え、

大日本国天文八年三月初二日、濃之南豊山承国開基、前南禅鈍仲大和尚一百年遠忌辰也、

との一文がある。この香語によれば、鈍仲四世の法孫にあたる承菊（のちの太原崇孚）が、同じく若い頃に修行した駿府の今川義元の意を受けて、臨済寺（静岡市葵区）で法要を行ったという。この中で、鈍仲について、承国寺開山ではなく「開基」とされている点に注目する必要がある。

鈍仲は、土岐持益の父頼益に招かれて、建仁寺内に京都における頼益の菩提寺として興善院を開創していた。また、池田館の近くにも興善院が建てられて、その開山となっていたとみられる。頼益の法名に興善院殿が付されているのはそのことを示すものである。鈍仲は、永享元年（一四二九）に相国寺 坐公文の公帖を受け、また定林寺（岐阜県土岐市）にも住山した（なお、すでに述べたように定林寺は土岐頼貞の開基）。頼益が帰依した鈍仲に、持益も師事していたことが想像できるので、承国

寺の創建にあたって、勧請であっても持益が鈍仲を開山にしたことは理解できる。

ただ、この承国寺がいつ建てられたかについては定かでなく、史料上の初見は長禄二年（一四五八）のことである（後述）。持益が守護代によって失脚・隠居させられたのは、『濃飛両国通史』では康正二年（一四五六）と推定しているが、実は康正三年八月から長禄二年六月までの十ヶ月の間のことであろう。承国寺の初見はその直後にあたる。この頃に承国寺が創建されたというよりは、むしろ十年ほど前の文安元年（一四四四）からまもなくの頃であったと考えられる。たとえば土岐成頼の場合、明応六年（一四九七）の死去前後にその菩提寺として瑞龍寺が建てられたのではなく、早くも三十年前の応仁元年（一四六七）頃に建てられた（前述）。土岐政房についても、永正十六年（一五一九）に亡くなってから承隆寺が建てられたのではなくて、すでに文明十一年（一四七九）には建てられていたことが確認されている。

現在、承国寺跡よりも約五〇〇メートル西方の古市場弘法堂に、「明応五丙辰閏二月十日」在銘の宝篋印塔基礎があり、筆者はこれを梅心瑞庸の塔だと考えている。美濃における宝篋印塔基礎の標準的な大きさは、横幅が二一センチ（七寸）ほどである。これに較べてこの塔は横幅が三一センチあり、体積では標準型の約二倍である。このような中型塔は、土岐氏歴代の宝篋印塔とほぼ同じであり、承国寺歴代の塔であるならば、梅心塔こそこれにふさわしいといえる（梅心については後述）。つまり、この塔が元の位置からあまり動いていなければ、承国寺塔頭の春沢軒（梅心の塔院）は、承国寺跡から西方へ五〇〇メートルほど離れた所にあったことになる。

このことからみると、現承国寺跡は、はじめ守護館としての城館であって、その西方五〇〇メートルほどの所に、菩提寺としての承国寺が建てられていたのではないかと思うのである。持益が失脚して守護館が革手へ移った康正二年以降、承国寺の本体は館の跡へ移ったが、春沢軒はそのまま原位置を動かなかった可能性がある。

第四章　戦国時代、動揺する土岐氏権力

斎藤利永、土岐成頼を擁立

　土岐成頼は土岐持益の実子ではなく、持益の嫡子持兼（もちかね）の早世により、養子というかたちで土岐氏惣領となった。土岐一族の饗庭（あえば）備中守元明（もとあき）の子とする説もあるが、遠縁の一色氏から迎えたとする説（実父は一色義遠（よしとお）。尾張国知多郡領主）が有力である。そうすると、丹後守護の一色義有（よしあり）の兄弟ということになる。「成」字は足利義成（のちの義政）の偏諱である。

　新守護成頼の擁立に力を発揮したのは、守護代の斎藤利永（としなが）であった。持益は早世した持兼の子亀寿丸に跡を譲ろうとしたが、これに利永が反対し、両者の争いの結果、利永が勝利し持益は康正二年（一四五六）に隠居させられてしまった。利永が成頼を守護の座につけたのは長禄元年（一四五七）といわれ、利永はそれから三年後の長禄四年五月二十七日に亡くなった。

　応永二十六年（一四一九）には、「美濃国守護代官」として、「斎藤越前入道祐具」が登場してくる。祐具はこのときまだ守護代ではなく、守護代であったのは富島又五郎であった。又五郎は若年であったらしく、祐具の台頭を許したわけである。だが、祐具は応永の末年頃に亡くなり、その子の斎藤越前入道宗円に代わった（諱は不明）。宗円の墓（宝篋印塔）は加納の盛徳寺と下革手共同墓地とにある。

これらの銘文などにより、宗円は康応元年（一三八九）生まれで宝徳二年（一四五〇）九月一日に卒去したことがわかる。

宗円は、文安元年（一四四四）閏六月十九日に、京都の土岐館で守護代富島氏を討って守護代的地位についた。いわゆる下克上である。富島氏は、宗円を仇討ちとして狙い、六年後の宝徳二年（一四五〇）九月一日に、京都で山名邸から帰る途中の越前入道を討った。

宗円の跡を継いだのが、帯刀左衛門尉利永である。利永は、文安二年八月に加納城を築いたという。これは富島氏が京都で宗円に討たれた翌年のことで、少し早いような気がする。いずれにしても、土岐氏の館（守護所）が西濃にあることで、近江に拠点を持つ富島氏にいつ攻められるかわからないという危険があるので、利永としては加納以東（長良川より東）へ守護所を移し、政権の安定を図ったものと考える。筆者の持論としては、危険になった池田館を払って、はじめ米田館（岐阜県百津町八百津）へ避難し、つづいて鵜沼の承国寺跡の地へ移し、頼益の菩提寺である興善院も同様に移したと考える次第である。

土岐成頼画像　東京大学史料編纂所蔵模写

そうしておいて、次に「暗愚な持益では、この危急な情勢を克服できない」と考え、よって一色氏から成頼を養子に迎えるという解決法に至ったのではないか。

応仁・文明の乱と斎藤妙椿の台頭

応仁元年（一四六七）に将軍家の後継者争いや管領家の畠山・斯波氏の後継者争いに端を発する応仁・文明の乱が勃発すると、土岐成頼は有力被官の斎藤妙椿とともに山名宗全率いる西軍に属した。『大乗院寺社雑事記』応仁元年六月十二日条には、

> 土岐は讃州（細川持常）を以て降参すべき由、内々計略なり。そのうえ美濃守護代斎藤は公方奉公の者なり。御方（味方）に参るべき旨申す。この故に美濃衆弓矢を取らず、二条内野に陣を取る。然る間土岐も只今は中立す。

とあり、乱勃発早々に東軍の細川持常から東軍方に降参するよう持ちかけられている。また、守護代の斎藤氏は将軍に奉公する者であり、味方に参ると述べ、そのため美濃衆は合戦をせずに二条内野に陣を取ったため、土岐（成頼）も中立の立場を取ったと記される。だが、基本的には成頼は西軍方として活動した。

一方、一族の土岐（世保）政康（持頼の子）は東軍方に属し、一色義直に代わって伊勢守護に任じられている。また、斎藤氏に逐われて美濃国外に退去していた富島氏も東軍に属し、近江北部（江北）

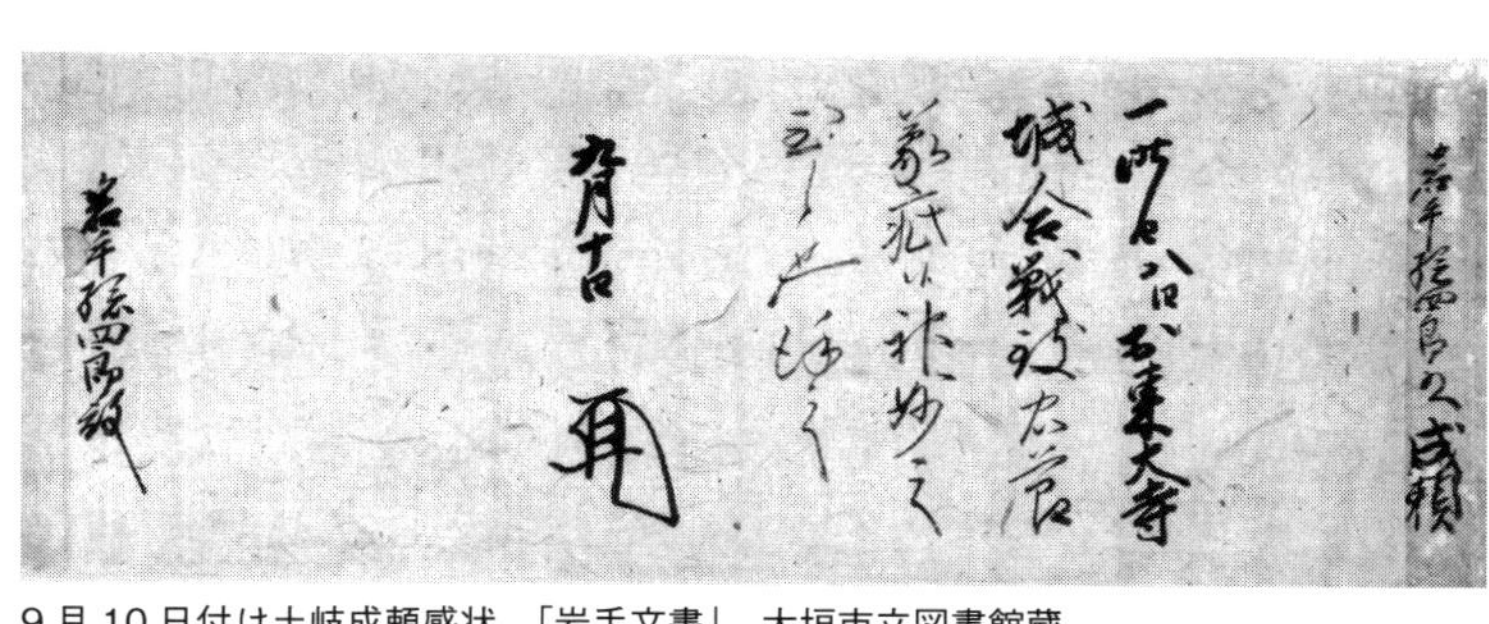

9月10日付け土岐成頼感状　「岩手文書」　大垣市立図書館蔵

を地盤とする京極氏の支援を受けて美濃に侵攻した。富島氏の軍勢は破竹の勢いで進軍し、応仁元年九月八日には東大寺城（岐阜県大垣市）で両軍がぶつかり、成頼はこの戦いで負傷した岩手孫四郎に次の感状を発給している。

一昨日八日於東大寺城合戦、致忠節蒙疵候、神妙之至候也、謹言、

（応仁元年）九月十日　（土岐成頼）（花押）

岩手孫四郎殿

（「岩手文書」）

九月十三日には富島勢が鷺田島（長良川の呂久の渡し〈岐阜県瑞穂市・大垣市〉辺り）まで進撃し、成頼方の村山重綱と戦いになり、重綱らは敗れ一族・被官とともに討ち死にした。情勢は富島方が優勢で、西濃の過半は富島氏の勢力下に置かれたようだ。富島勢の脅威にさらされた成頼と妙椿は、本拠革手城の改修を命じている。

（応仁二年）二月九日より八月まで、革手の堀をほられ候間、毎日二千人ずつ夫を出し候、加様に候間、御年貢半分納むべきの由申し候を、色々申し候て、拾貫文余下行仕り候、

斎藤妙椿画像　岐阜市・開善院蔵　画像提供：岐阜市歴史博物館

（「華頂要略」『濃飛両国通史』所載）

毎日二千人ずつの人夫ということで、大規模な工事だったようだ。

また、六月になると縁戚の長江景秀・元景父子の手引きにより再び富島勢が美濃に侵攻したが、妙椿の軍勢により撃退され、長江父子は討ち死にしている。これにより富島勢の勢いは下火になり、妙椿は美濃国内の富島勢力を一掃した。このようにして妙椿の勢威が増し、妙椿はやがて国外へも出兵するようになり、ついに成頼を意のままに動かすようになる。

文明五年（一四七三）二月には妙椿が上洛するという噂が京都へ伝わり、これを危惧した東軍は朝廷を動かして比叡山に勅使を派遣し、僧兵を動員して妙椿の上洛を阻止させようとした。また、足利義政は信濃の小笠原家長に対し、小笠原政家や木曽家豊とともに美濃に攻め込むよう命じている（「小笠原文書」）。妙椿に美濃を逐われた富島為仲も、このとき小笠原家長に書状を送り、木曽家豊と示し合わせて出陣してくだされば、自身も伊勢衆とともに美濃西口から攻め入る旨を伝えている（「小笠原文書」)。

九月十五日には、土岐政康に従って富島光仲・鞍置澄正・蓮池光久が幕府(東軍)に出仕した(『親元日記』)。これに関わってか、十月になると妙椿が伊勢に出兵する。この機を逃さず十一月には小笠原・木曾軍が恵那郡から土岐郡へと侵攻し、大井城(岐阜県恵那市)と荻之島城(同瑞浪市)を落とした(「小笠原文書」『大乗院寺社雑事記』文明五年十一月十六日条)。このあとの戦況は不明だが、妙椿は伊勢への出兵を継続していることから考えると、これ以上の侵攻はなかった可能性が高い。やがて妙椿は応仁・文明の乱の政局さえも左右することになり、『大乗院寺社雑事記』文明六年四月条には「東軍・西軍の勝敗は妙椿の動き次第で決まる」とすら記されている。

文明八年(一四七六)頃からは三河守護の細川成之と一色義直の対立が激化した。成頼が一色氏出身ということもあり、妙椿は兵を率いて三河に攻め込み、三河守護代東條近江守を自害させている。

また、尾張でも東軍の斯波義敏方と西軍の斯波義廉方の対立状態が続いており、文明八年十一月十三日には義廉の重臣織田敏定と義敏の重臣織田敏広の軍勢が衝突し、敏定は下津城(愛知県稲沢市)を攻めた。敏広の妻は斎藤妙椿の養女だったことから、妙椿は西軍方であったが、東軍方の敏広を支援するため、尾張に出陣し敏定方を攻め追い詰めたが、幕府の命で停戦・和睦した。これにより妙椿は美濃に戻っている。この時期、妙椿が西軍・東軍の枠を超えた動きを示していることは注目される。

斎藤氏の内訌と六角氏征伐

十一年の長きにわたった応仁・文明の乱も、文明九年（一四七七）に終息した。すると、土岐成頼は足利義政の弟で西軍の総帥に担がれていた足利義視・義稙（義材→義尹→義稙と改名するが、本書では義稙に統一）父子を伴って同年九月に美濃に下向した。美濃では成頼のほか斎藤妙椿の歓迎も受けた。義視父子の美濃下向にあたっては、妙椿の存在が理由の一つとして考えられている（山田二〇一六）。妙椿としては、いずれ義視父子を奉じて京都に上り、将軍の座につかせることを考えていたのかもしれない。なお、成頼は義視父子とともに翌年義政から赦免されている

妙椿は文明十一年二月に顔戸城（岐阜県御嵩町）に隠居し、そして翌文明十二年二月に死去した。文武兼備の妙椿は和歌もよくたしなみ、兄の利永と共に歌人として有名な正徹に師事していた。その子正広や古今伝授で知られる東常縁とも親交があったことが知られている。なお、妙椿は応仁・文明の乱を長引かせた人物と目されており、そのためかその死にあたっての京都の公家の評価は芳しくない（『長興宿禰記』）。

さて、妙椿の死去から三ヶ月後の文明十二年五月、妙椿の養子右馬丞利国と利藤（利永の嫡男）の子帯刀左衛門との間に、寺社の所領のことで争いが生じた。いったんは和睦したものの、八月には再燃して合戦となった（『大乗院寺社雑事記』）。利藤が守護代に就任したことについて、妙椿の後継者利国の不満がこうじたものらしく、守護の成頼が利国を支援しており、十一月の合戦では利国の大勝と

なった。こうして斎藤氏の惣領となった利国は出家して持是院妙純と名乗り、持是院家の被官・石丸利光も戦功を重ねて小守護代といわれるまでに出世した。

長享元年（一四八七）九月、幕府の命令に従わない近江の六角高頼征伐がはじまった。将軍足利義尚（義政の子）みずから兵を率いて出陣、近江の鈎の里（滋賀県栗東市）に布陣すること二年に及んだ。

当時、成頼の二男を六角高頼の養子として出していた関係から、六角征伐は土岐氏にとっても非常に不利な事態となり、義尚率いる幕府軍による美濃攻撃も予想されるに至った。このため翌十月、土岐・斎藤氏は山里へ引き籠もることになった。

妙純は古井（岐阜県美濃加茂市）に、是心院殿は顔戸城、成頼は「ほうみ」（細目、岐阜県八百津町）へと分散退去した（『大乗院寺社雑事記』）。古井には妙椿の娘聖隆尼が開創した禅隆寺があり、妙純はこの寺付近に居陣したとすると、現在の牛ヶ鼻であろうか。

義尚の親征にともなう緊張状態も翌長享二年には解消した。さらに一時京都へ逃げていた利藤ら斎藤一族も帰国して、利藤は六月に多芸荘代官職などに任ぜられ、それなりの地位として復活している。

美濃を揺るがす舟田の乱

「船田戦記」は舟田の乱（土岐成頼の子政房と政房の弟元頼との相続争いに、家臣（小守護代）の石丸利光が元頼を支援したことによって起こった戦争）の経過を記した史料である。大龍寺（岐阜市粟野）中興開山の淳岩玄朴が書写したもので、原作は室町後期の明応年間（一四九二～一五〇一）に臨済宗五山派の正法寺雲門庵（岐阜市下川手）主春蘭寿崇によるものと考えられる。これに対して三宅唯美氏は、前記は春蘭の、後記は淳岩の手になるものと指摘している（三宅二〇一五）。

さて、春蘭は栄華を誇った斎藤利永の実弟で、文亀二年（一五〇二）夏頃に正法寺の住職をつとめ、その前後は寺内の聯芳院や雲門庵にいることが多かった。特に明応四年（一四九五）の舟田の乱の際には、雲門庵主であったらしい（横山二〇一〇）。

石丸丹波守利光は、守護の土岐成頼のもとで、西尾直教らと並んで臣下の礼をとってきた。そして功績の大きさを称えられ、斎藤の苗字を与えられた。ところがそれでは足りないとして、斎藤妙純を倒してその地位を奪うことを考えた。成頼の次代の守護は政房と決まっていたものを、政房の弟元頼にすげ替えることも含めての下克上である。

妙純は郡上郡吉田村（岐阜県郡上市美並）に大宝寺を建立し、開山に悟渓宗頓を招くことを企図し、明応三年十二月十一日に入寺開堂式を挙行することになった。利光はその道中に妙純らを襲おうと計画したが、にわかに大風雨が起こったため、式典は延期となった。そこで、利光はその夕方に加納城の南の舟田で兵を起こし、加納を襲うことにした。しかし、西尾直教の報告でこれらの隠謀が露見したので、翌年正月十九日になって、土岐元頼・石丸利光に味方する成頼と、政房を支援する妙純との間で西尾直教を追放することを条件に和議が成った。しかし両者不信がつのる中で、二十八日の明け方、利光は南都（奈良）へ逃れ、出家して道秀と名乗った（煩雑を避けるため、本書では引き続き利光と表記する）。

利光の兵は舟田城に拠り、加納と革手と三城鼎足のようになった。そこへ二月十二日に利光が戻り、またその子兵庫助は西方寺に城を築いた。土岐成頼は妙純の弟利綱・利光の子利元とともに革手城にいたが城外へ出た。また、村山利重や利綱の兄利安は正法寺へ移った。そして利安は雲門庵に、利綱は慈光院に、利重は利明院に陣取った。大亀院・陽徳院・常春庵・細香軒は破却されて撤去されている。つづいて戦が起き、利光方の敗北となった。利光の軍勢は近江へ退き、戦いはいったんおさまったのである。

このように「船田戦記」には戦の推移が克明に記され、しかも日記調になっている。後記によると、石丸利光が土岐元頼を大将に、斎藤利藤の子毘沙童子を副将として、近江から北伊勢を通って尾張の津島（愛知県津島市）へと攻め寄せた。時に明応四年四月二十九日であった。そして利光らは北上し、墨俣（岐阜県大垣市）から方県郡の城田寺（岐阜市）に至った。そこの舎衛寺を本陣にした利光に味方する者は、杉山氏・曽我屋氏・佐良木三郎・田原民部少輔らで、政房に味方する者は斎藤利綱・同利実・村山氏らであった。五月十七日、織田与十郎兄弟も政房支援にかけつけ、二十六日には越前の朝倉貞景が一族の与九郎を派遣してきた。六月一日の決戦では、利光方の敗色が濃厚となり、十日に利光が、二十日に元頼が自害して乱は終結した。現在、舎衛寺には「船田合戦終焉之地」の碑が建てら

土岐成頼の墓　岐阜市・瑞龍寺

れている。

その後の成頼と瑞龍寺

守護代斎藤利藤は禁裏御料所（国衙領）代官職をつとめてきたが、明応五年（一四九六）六月十二日に斎藤妙純によって解任された。これは利藤が守護土岐成頼と共に背後で石丸利光を支援していたことによる。守護代職も解任されたのだろう。失意の利藤は二年後の明応七年正月十二日に死去した。墨俣の明台寺（みょうだいじ）（岐阜県大垣市）に墓（一石五輪塔）がある。

成頼も利藤より早く明応六年四月三日に死去し、菩提寺である瑞龍寺（ずいりょうじ）（岐阜市）に葬られた。法名は「瑞龍寺殿国文宗安大居士」という。

臨済宗妙心寺派の悟渓宗頓が瑞龍寺を創建したのは、応仁二年（一四六八）とされる（『瑞龍寺誌』）。悟渓の語録「虎穴録」には、文明元年（一四六九）八月九日に濃州路の諸功徳主のために、悟渓が金宝山瑞龍寺で遂一大乗妙典経を書写し、八月二十七日まで法要を続けたという記事がある。そして同年十一月二十八日に、持是院（斎藤）妙椿の木像の開眼供養を行った。これらにより、瑞龍寺が建てられたのはこの直前かと思われる。文明元年の前年が応仁二年なので、応仁二年から建築工事が始まり、翌文明元年に完成したのだろう。そして妙椿らの働きかけで、瑞龍寺が十刹に指定された。瑞龍寺はこれによって、独住を続けるというわけにはいかなくなり、十方住持制度をとらざるをえなかったということである。ただし、悟渓の存命中（明応九年九月六日寂）は悟渓の独住であり、十方住持の制がとられたのはそれ以降のことだろう（横山二〇一三）。

悟渓寂後の世代については、「瑞龍寺紫衣輪番世代牒写」なるものが八百津の大仙寺にあり、かなり正確にその歩みを知ることができる。

生涯を戦に明け暮れた土岐政房

土岐政房は成頼の嫡男である。末弟に元頼がいて、成頼の後継をめぐって舟田の乱が起こったことは前述した。初名は頼継（よりつぐ）といい、将軍足利義政の偏諱を得て政房と名乗った。

さて、政房の初見は文明十一年（一四七九）で（『梅花無尽蔵』）、法華山承隆寺を自身の菩提寺とした。開山は臨済宗仏源派（ぶつげんは）（大休正念（だいきゅうしょうねん）の流れ）の行山祖令（ぎょうさんそれい）である。そして、現在の岐阜市西部に開かれた同寺は、朝廷にも幕府にも認められた文学交流の場となった（『梅花無尽蔵』）。舟田の乱が起こる十五年ほども前のことである。その後、長享元年（一四八七）には「土岐次郎政房」の名で、「常徳院殿（じょうとくいんでん）御動座当時在陣衆着到（ごどうざとうじざいじんしゅうちゃくとう）」（長享元年の足利義尚による六角高頼征伐に従った奉公衆のリスト）に見えている（『群書類従』）。

文明十二年二月には斎藤妙椿が卒去し、舟田の乱が終結した翌年の明応五年（一四九六）十二月には斎藤妙純が戦死した。主家である土岐氏をも超える権力を誇った斎藤（持是院）家であったが、これ以後、弱体化していく。そのため、政房も無策というわけにはいかなくなった。明応年間が過ぎ、文亀・永正と年号が変わり、また隣国尾張も内紛状態となると、政房は美濃・尾張国境近くにあった守護館を革手から長良川の北側、長良橋の上流にある福光（岐阜市）へ移さざるをえなくなった。永正六年（一五〇九）閏八月四日の郡上郡の長瀧寺（ちょうりゅうじ）（岐阜県郡上市）宛て斎藤利綱の書状では、「福光御構（おかまえ）」を普請するため、国中の人足を出させるようにといっている（「長瀧寺文書」）。

御状之旨令拝見候、仍就福光御構普請之儀、委細承候、今度事者、依別儀惣国人足雖罷出候、上保之内、当寺承仕已下寺社之役人并下部等事、被宥免候、可被成其御意得候、委曲御使梅本坊可有啓達候、恐々謹言、

（永正六）
後八月四日　　　　　利綱（花押）

長瀧寺御返報

「福光御構」は城郭ではなく、周囲に堀と土塁を巡らせた居館形式とされる。守護館が革手から福光に移ったことで、革手は次第に衰亡していった。

永正六年頃の五月三日、将軍足利義稙は土岐政房ら五名に、細川左京大夫（高国（たかくに））と相談して江州

の件で忠節を働くようにと命じている（「御内書案」）、また永正六年、幕府は政房（土岐美濃守）宛てに大和国多武峰（とうのみね）（奈良県桜井市）の伽藍復興のため奉加銭（寺社造営のための寄進）を出すように命じているが（「談山神社文書」）、どれほどの効果があったか疑問である。

西尾直教の子で政房の被官・秀教（ひでのり）は、揖斐の横蔵寺（よこくらじ）（岐阜県揖斐川町）に前机（まえづくえ）を寄進しており（『揖斐郡史』）、またこの頃、秀教は京都と美濃間を往来して政房や斎藤彦四郎（ひこしろう）（妙純の子で利親（としちか）の弟）のために尽力していたが、永正十年五月五日についに政房と彦四郎が対立・合戦となり、秀教は織田氏を頼って尾張へ退いたものの、六月七日に討ち死にした（「東寺過去帳」）。おそらく秀教は政房に味方したのだろう。政房は美濃へ再入国し、一戦のうえ墨俣城に入った。永正十二年九月九日、土岐氏の奉行人であった斎藤蔵人ら三名が福光で切腹したという記事が「円興寺過去帳」にあり、これは政房の福光再入城に関するものかと思われる。

斎藤蔵人殿三十七歳　　横巻弥五郎卅一歳
玉峰宗心禅門　　宗歓禅門
永正十二年九月九日　　年号月日同前
杉山孫四郎廿四歳　　右三人於福光
宗円禅門　　同時腹ヲ切、
年号月日同上

政房最晩年の永正十四年十二月には、「守護土岐と同被官の斎藤新四郎が合戦をして、政房が大敗した」という記事が『宣胤卿記(のぶたねきょうき)』に見えている。これは政房の後継者をめぐる争いに関連する。政房は、長男頼武(よりたけ)ではなく次男の頼芸(よりのり)に跡を継がせようと考え、小守護代の長井長弘(ながいながひろ)がこれを支持した。一方、斎藤新四郎（利良(としなが)、持是院妙全(みょうぜん)。利親の子）は頼武を支持し、両者で争いとなった。永正十四年十二月の戦いで大敗した政房は、永正十二年の戦いで尾張に逃れていた斎藤彦四郎と連携し、反撃の機会をうかがった。

永正十五年には再び両派の間で戦いが起こり、『宣胤卿記』同年八月十三日条には「濃州去る十日敗北す、斎藤新四郎、土岐の子を伴い越前堺へ引く、土岐父は残ると云々、斎藤彦四郎この間入国す」と見える。また、「東寺過去帳裏書」には「永正十五　七月八月比度々合戦に及び、斎藤新四郎、牢人衆と合戦」とある。このときは政房・頼芸方が勝利し、敗れた頼武と利良は朝倉孝景を頼って越前に落ち延びた。政房は、幕府を通じて朝倉孝景に頼武らの引き渡しを働きかけたが、孝景はこれを拒否している（「御内書案」『濃飛両国通史』）。それを示すのが次の文書である。

土岐次郎事、其国逗留不可然候、早々令参洛之様、急度加意見者、尤可為神妙候也、

永正十五年十二月二十六日

朝倉弾正左衛門とのへ

なお政房は、次の史料に見えるように、永正十六年二月十八日には「左京大夫」を名乗っていることこ

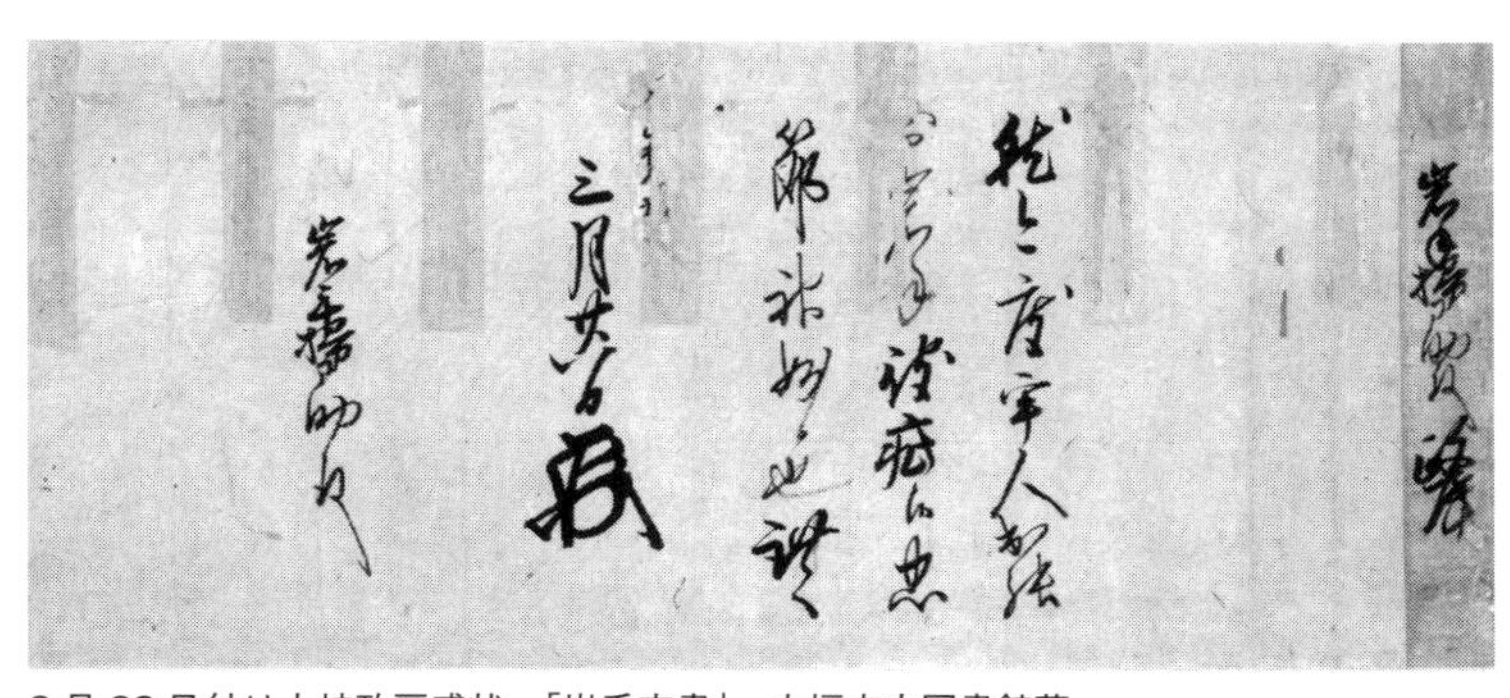
3月28日付け土岐政房感状　「岩手文書」　大垣市立図書館蔵

とがわかる（「御内書案」）。

就属国無事、太刀一腰行平、鵞眼万疋到来、目出候、依太刀一
振長光遣候也、
永正十六
二月十八日　　貞陸御調進
土岐左京大夫とのへ

その後も政房の後継者問題は解決せず、両者の争いはしばらく続いた。朝倉孝景も積極的に頼武を支援し、これに近江の京極高清（たかきよ）も協力し、雪が消える頃に美濃に侵攻した。政房は永正十六年三月二十八日付けで岩手掃部助に対し、合戦での負傷について見舞いの書状を送っている。これは頼武らの侵攻に関するものだろう。

結局、政房の生涯は戦の中に明け暮れた感じで、永正十六年六月十六日の死去を迎えることになる。墓塔は西部の成就寺跡にあるが、政房は米田館（岐阜県八百津町）で亡くなった。法名は「承隆寺殿海雲宗寿大居士」。政房の四十九日の法要は、頼武を施主として、仁岫宗寿を導師に招いて「当場」で行われた（「仁岫録」）。だが、「仁岫録」には「此時二郎殿越前に出奔」との注記があり、このとき頼武は美濃にいなかった可能性がある。
その後、越前に亡命していた頼武が朝倉孝景の助力を得て美濃に侵攻し、頼芸派を排除して美濃守護となった。

土岐政房の菩提寺と承隆寺

『岐阜市史』通史編原始・古代・中世（以下、『岐阜市史』）において、岐阜市茜部にあった政房の菩提寺・承隆寺のことがかなり詳しく書かれている。文亀元年（一五〇一）から永正三年（一五〇六）までには諸山に指定されており、しかも茜部神社棟札によって、永禄六年（一五六三）までは存続していたことも立証された。創建時期についても、文明十三年（一四八一）～延徳二年（一四九〇）の間と想定できると述べられている。ここでは、創建時期をより詳しく探り、また、廃亡直前の状況をもできる限り明確にしたいと思う。

さて、茜部神社裏手の承隆寺跡といわれる所には、銘文を有する三点の石造文化財がある。すなわち、次の三点である（横山一九八六）。

一石五輪塔「当軒開基天叟和尚
　　永正六己巳二月十八日」

宝篋印塔「承隆寺殿海雲宗寿大禅定門

永正十六己卯年六月十六日」

宝篋印塔　謙叟和尚（明応〜永正頃）

このうち、「承隆寺殿海雲宗寿大禅定門」の塔が土岐政房の塔であるから、承隆寺は伝承どおり、土岐政房の菩提寺であったことは間違いないとみられる。

政房の先代・土岐成頼の場合、応仁元年（一四六七）頃に菩提寺として瑞龍寺が創建されているが、政房の場合、承隆寺が創建されたのはいつであろうか。『岐阜市史』では、この点について、「承隆寺は、先に引用した『蔭涼軒日録』により、延徳二年（一四九〇）に創建されていたことは明らかである。土岐政房は、『ふじ河の記』によってみるとこの年には二十六才となっていた。当時の土岐守護職と斎藤守護代との関係から考えてくると、妙椿没後の斎藤氏内訌（文明十二年）の終了によって、政房と斎藤妙純の主従の美濃領治が安定化するので、当寺の建立は、文明十三年（一四八一）〜延徳二年（一四九〇）の間と想定できるものである。ただ、開山が誰であったのかは明らかにできないが、祖庭なる僧が仏源派であったことからすると、この派下であった可能性はある。後考を待つものである」とする。

さて、承隆寺は山号を法華山と称したことが、策彦周良（さくげんしゅうりょう）の『謙斎藁（けんさいこう）』（内閣文庫本）によって明らかになる。

濃の法華山紹（承）隆精廬は、すなわち行山大禅仏挿草の場なり。其の枝院を太源という。今の主盟左公首座は、上国(京都)へ観光の暇に、一日来扣し款話の次に、予に謂いて曰く、これより嚮(さき)、吾が師(左公の師)の春渚(しゅんちょ)西堂は当山に在り、挹猊揮麈(きょげいきじん)、願わくば翁が諱を副うるに、両字をもってし、義を解するに一偈を以ってす。しからずんば何ぞ賜ってこれを加えん。予は嘉して本の誠を慕ってその称を雅し、源甫と曰う。遂に筆を迅(は)せて併書して以って時に応ぜり。

一滴曹渓始濫觴、下流済水果湯々、
眼高日稲(ママ)天外、東海遠孫眇大洋、

とあることによる。禅宗寺院に法華山とは珍しい山号を付したものである。このことは、承隆寺の前身寺院として日蓮宗の寺があったとか、あるいは真言・天台宗の寺だったというようなことが隠れていそうな気がする。法華山という山号を他の史料で見てみると、万里集九の『梅花無尽蔵』に記事があることが判明する。その文明十一年の条には、

今東濃州の法花山は、台幕厳麗にして、翰墨の戯場なり、裾襦の参錯は殆ど(中国の)菜公の例に攀れり。

同じく文明十四年条には、

済北(大安寺)の諸彦、法花山の裳渓侍史を剩雨残風の間に挽留す。各々宮鶯の詩を作る。

というような記事が見える。特に史料では、法花山(法華山)は朝廷にも幕府にも認められた文学交流の場であるというから、文明十一年という早い時期に、すでに伽藍が整えられて、しかも土岐成頼・

政房父子や足利義視・義稙父子らが絶大な支援をしていたとみられる。これは、『岐阜市史』の説よりも少くとも二年さかのぼった時点であり、官寺である諸山指定への基礎もすでに固まっていたようにみえる。

承隆寺開山と歴代

策彦周良の『謙斎藁』によって、承隆寺の開山は行山大禅仏（行山祖令）であることが判明する。さらに、景徐周麟の『翰林胡蘆集』に「前住安国祖庭禅師寿像」賛が収められており、その文の中に、

松源の五派海東に浸爛し、仏源に至って其の流れ混々、日山の一門岐下に屹立す、行山が在ってその勢我々たり、法道を丕承して隆替す。

とある。つまり、仏源（大休正念）の流れを汲む日山玄慧の一門が美濃へ入り、行山がこれを確立して承隆寺を創業したというのであろう。したがって、「大休正念―日山玄慧―行山祖令―祖庭敬教」という法系図を確認できることとなる。

ここに見える祖庭敬教という承隆寺住僧については、『岐阜市史』が詳しく述べている。これによれば、

『蔭凉軒日録』延徳二年（一四九〇）八月十日条に、承隆寺僧である祖庭敬教の名が見え、「大源院」に居所しているとある。（中略）この祖庭は、土岐成頼が「応仁の乱」によって京から美濃

へ案内した足利義視の世話をした承隆寺の平僧であったが、義視の子義稙が延徳二年（一四九〇）七月五日将軍になるにおよんで、その礼の意味なのか、加茂郡七宗町の諸山寺である龍門寺と、京の十刹寺である安国寺の二寺への昇階入住が行われた。祖庭は官寺の入寺資格である秉払を勤めておらず、公帖交付が官銭納入のみで行われる座公文が一般化していたときであったにせよ、いかに強引なものであったかがわかる。（中略）美濃地方におけるこのような例があったことは、足利将軍と土岐・斎藤氏の関係を示すものである。

祖庭はおそらく土岐氏か斎藤氏の俗縁者であったろうとされている（玉村一九七五）。

足利義視・義稙父子は、すでに述べたように応仁の乱の終わり頃に美濃へ迎えられた（『実隆公記』文明九年〈一四七七〉十一月十一日条）。『長興宿禰記』にも、

今出川大納言殿（室町殿御弟）美濃国へ落下せしめ給う。土岐美濃守同道申す、

とある（文明九年十一月十二日条）。そして、義視父子は「赤野部に御座、東大寺寺務領なり」とある（『大乗院寺社雑事記』文明九年十二月十三日条）。赤野部は現在の岐阜市茜部を指すものと思われる。そして翌文明十年八月の和睦によって、八月二十一日に土岐政房・妙椿らが義視父子を伴って上洛した（『大乗院寺社雑事記』同日条）。

その後まもなく、義視父子は再び美濃へ戻ったらしく、文明十二年二月、妙椿が卒去したことについて、「今出川殿御迷惑也」とある（『大乗院寺社雑事記』文明十二年二月二十日条）。義視父子が困惑す

るであろうとの予想であった。『長興宿禰記』も文明十二年二月二十一日条で、

（妙椿は）今出川大納言殿義躬卿を扶持せしめ、今に御在国せり、かくのごとくの間、死去においては、世間静謐の由、其の沙汰あるものなり、

と記している。しかし、斎藤妙椿の卒去をうけて妙椿の養子利国（右馬丞、のちの妙純）と越前守（利藤）とが争った合戦も妙純の勝利に帰し、義視父子も安泰となった。文明十三年七月二十八日に、妙純は将軍義尚のもとに出仕し、八朔（はっさく）の祝いに礼物を献上するなど（『親元日記』）、幕府との関係修復にも努め、文明十七年八月十九日には、足利義政の東山殿（ひがしやまどの）（現在の慈照寺）御造作要脚（費用）として一千貫文を寄進している（『親元日記』）。

こうした中で、文明十九年正月二日に今出川殿御息（足利義稙）が美濃国で元服をしたことが京・奈良へ伝えられた（『大乗院寺社雑事記』文明十九年四月十三日条）。また、義稙が御上洛するだろうとの風評も立っていた。

しかし、長享元年（一四八七）九月の六角氏征伐に際しての近江鈎の陣への将軍義尚の出陣によって、土岐成頼・斎藤妙純は六角氏と同盟していると見なされたので革手・加納両城を引き払って東方へ退いた。成頼は細目、妙純は古井に陣を構えて

足利義視画像　個人蔵

義尚政権と対立することになった。

これは、応仁・文明の乱中、西軍に属して国内の寺社本所領・奉公衆の所領などを奪取した六角氏が、美濃と共にその返還命令に従わないためであった（『岐阜市史』）。六角氏は土岐氏・朝倉氏と同盟して戦うことを申し合わせたのであるが、この将軍親征は失敗に帰したので、幕府は成頼の子・土岐次郎政房を出仕させて土岐氏を屈服させ、美濃の寺社本所領の返還をねらった。これは一応成功し、長享元年から延徳二年（一四九〇）にかけて実施されていった。

長享三年（一四八九）四月になると、義視父子は上洛した。義視が将軍義尚の猶子になるということで、義視が鉤の陣に詰めるといううわさが正月頃からしきりにあって、これらが実現したものといわれる（『後法興院記』長享三年四月十三日条）。この年（延徳元年）十二月には、足利義視の妻たちも妙純の在所（加納城）にいたが、同月八日にはことごとく上洛するということになった（『大乗院寺社雑事記』延徳元年十二月一日条）。

足利義視が文明九年から延徳元年まで十二年間、土岐氏・斎藤氏の庇護のもとに茜部に居住したと『岐阜市史』に書かれているとおり、義視父子はそのほとんどを茜部で過ごしたことになろう。その茜部では、どこに居住し、どのような生活をしていたか定かではないが、先に挙げたように法華山（承隆寺）が台幕厳麗にして翰墨（かんぼく）の戯場（詩歌や書画を楽しむ集まりの場）となっていたということからして（『梅花無尽蔵』文明十一年条）、承隆寺もしくは寺に隣接するような場所でなかったかと考えられる。

大源院の創設と経過

東京大学史料編纂所所蔵の影写本に箱根湯本早雲寺（そううんじ）蔵の『春浦録（しゅんぽろく）』があり、その中に、文明十三年（一四八一）四月上旬の前住承隆伯先和尚肖像賛が収められている。肖像賛であるからには伯先はすでに故人である。末尾の注には、

伯先嗣雪庭栢和尚、雪庭塔曰大源、

伯先塔曰龍興、

とある。つまり、伯先は雪庭□栢の法を嗣いだ人で、龍興（院か）を塔院とし、雪庭は大源院を塔院としているというのである。おそらくは伯先が先師雪庭のために大源院を建てたものと考えられる。したがって、次のような法系図が考えられるのではないかと思う（系図9）。

大体正念——日山玄慧——行山祖令（承隆寺開山）

日山玄慧の下（点線）:
- 雪庭□栢（大源院）——伯先（龍興院）——寿得監寺
- 祖庭敬教
- 恕堂敬忠
- 竺雲正雲
- 友石□雲

系図9　推定法系図

文明十三年（一四八一）以降、八十年ほどの間、大源院に関する史料が見られず、永禄六年（一五六三）九月二十八日の茜部神社棟札では、大源院主寿盛西堂の名が見える（『岐阜県史』史料編古代中世二、六二七頁）。この棟札については、『岐阜県史』では次のように判読している。

大日本国濃州路厚見郡茜部庄八幡御遷宮、永禄六年

癸亥菊月廿八日
右造営之事、大源院主寿盛西堂、乗大願輪勧甲乙之檀越家自□未［
大工藤原三郎左衛門康員、取持衆承隆住僧伝首座并［　　］別当賢海、

永禄九年九月十六日には、長良崇福寺の栢堂景森が「金華の大源精舎」を訪れ、堂頭（院主）の春渚大禅翁に面会した。その折、春渚の弟子の応公が中国の淵明の帰来去の辞の詩簡を詠んでくれたが、大変すばらしかったので、栢堂がこれに因む一文を草したのであった（京都雑華院『雑篇』未刊）。

この春渚は、仁如集堯の『鏤氷集』によれば関東の生まれで、鎌倉の関東十刹・禅興寺に出世した（西堂位を得た）人物であった。若い頃は京都の天龍寺に学び、近頃は「濃州承隆寺裏大源精舎」にいることが長く、亀嶺（南禅寺）や相国寺慈光軒に留まったことがある。今また再遊上洛し慈光軒に泊まって仁如をたずねて来たので、二十年前の感慨にふけって一偈を春渚に上呈したとある。内閣文庫本『惟高詩集』により、春渚は武蔵国藤田の大聖寺主をつとめたのち、大源院に移ったことがわかる。

『謙斎藁』でも、春渚西堂が大源院主であったことがわかる。以上のことからみれば、永禄六年の棟札に見える寿盛西堂は春渚のことで、春渚の諱は寿盛であったとみることができよう。

おそらくは、栢堂が訪れた永禄九年（一五六六）九月の一年後に起こった、永禄十年九月六日の稲葉山落城戦によって、承隆寺は正法寺などとともに信長の兵火で灰燼に帰したと思われる。春渚西堂

はその後、薩摩国へ赴き滞在していることが、天正五年（一五七七）頃と推定される三月十三日付の南化玄興書状によって確認される（東京大学史料編纂所蔵『南化玄興遺稿』中）。

まだまだ不明な点が多い承隆寺

本書では、承隆寺の山号が「法華山」であることを述べた。土岐氏歴代の菩提寺では、山号がほとんど判明しているのに、承隆寺のみは山号が明らかになっていなかった。次に、承隆寺の創建が従来文明十三年（一四八一）から延徳二年（一四九〇）の間と想定されてきたのが、もう少し前の文明十一年（一四七九）にはすでに建立されていたらしいことがわかった。おそらくは足利義視・義稙父子が来濃して茜部に住んだ文明九年には、寺としての形が整ったと思われる。また、承隆寺の終見が、永禄六年（一五六三）の茜部神社棟札と見られていたが、その三年後の永禄九年まで確認できることになった。

今後の課題としては、宝篋印塔と一石五輪塔の刻銘にみえる謙叟和尚（明応～永正頃）や当軒開基天叟和尚（永正六年〈一五〇九〉二月十八日示寂）の両名が承隆寺の世代としてどのように関わったかという点や、大源院・龍興院というような塔院の解明にある。さらには本文中でも述べたが、承隆寺の前身寺院として日蓮宗（法華宗）か密教系の寺を想定できないかなど、諸問題はまだ多く、新史料の発掘に努めていく必要があるだろう。

第五章　斎藤道三との抗争と中世土岐氏の終焉

土岐頼武の活躍

永正十六年（一五一九）六月十六日の父政房の死去を受けて、頼武が嫡男として守護を相続した。ところが前述したように、その直前に政房は頼武の弟の頼芸に跡を継がせようとし、紛争になった（「仁岫録」・「斎藤利国像賛」）。政房の四十九日忌でも頼武は越前に出奔中であった（「仁岫録」）。その後の頼武は大永二年（一五二二）以降、次の史料にその名が見えている。

①大永二・正・十九　永保寺宛て禁制
②大永二・二・十　長隆寺宛て寄進状写（新長谷寺宛てだろう）
③大永二・八・廿四　徳山次郎右衛門尉宛て書状写（知行宛行状）
④大永二・九・廿八　毛利掃部助宛て書状
⑤大永五・六・十九　武芸八幡神宮寺宛て禁制
⑥大永八・二・十九　土岐次郎宛て幕府奉行人奉書

いくつか紹介しよう。

①土岐頼武禁制

禁制　巨景山永保寺

一、甲乙人等濫妨狼藉事、

一、伐採山林竹木事、

一、俗人借宿事、

一、百姓等年貢等無沙汰事、

一、為領主臨時課役無謂之儀申懸事、

右条々、堅停止畢、若有違犯之輩者、速可処厳科之者也、仍下知如件、

大永二年正月十九日　　　　頼武（花押）

永保寺に対しては、これ以前の永正九年七月十六日付で、土岐政房が「美濃守」の名で禁制を掲げており、その文面はこの頼武禁制とまったく同文である。このことは、頼武が守護として政房の権力を継承したことを証明しているといえるだろう。また、それは文面からも裏付けられる。

③土岐頼武書状写

大野郡之内牛洞并賀茂之内揖深、進之候、可有知行候、猶伊藤掃部助可申候、恐々謹言、

八月廿四日　　　　頼武（花押）

徳山次郎右衛門尉殿

この文書は、徳山谷（とくやまだに）の有力国人である徳山（とくのやま）次郎右衛門に対して、頼武が牛ケ洞と揖深（伊深）両郷を宛行った知行宛行状である。なお、伊藤掃部助は舟田の乱の際に政房方として名がみえる。

④土岐頼武書状

其口之儀馳走之由、尤可然候、弥入魂可為祝着候、尚須藤孫三郎可申候、謹言、

九月廿八日　　（花押）

毛利掃部助殿

「（包紙ウハ書）毛利掃部助　　頼武」

尾張国中島郡の領主・毛利掃部助に対する礼状である。毛利氏は尾張の斯波・織田両氏と土岐頼武の勢力圏の中間に拠点を構えていたことから、苦境に立っていた頼武のために、織田氏らに何らかの働きかけをした際に出されたものと推測される。

⑤土岐頼武禁制

禁制　武儀郡
　　神宮寺

一、甲乙人等濫妨狼藉之事、
一、伐執竹本之事、
右条々、堅令停止訖、若於違犯之輩者、速可処厳科者也、依下知如件、
　大永五年六月十九日　　　　　（花押）

この禁制には署名等はなく花押のみであり、従来は藤原基就のものとされてきた。しかし、頼武の花押と一致するため、頼武によって出された禁制であることがわかる。

ところで、この禁制を①の永保寺宛ての禁制と比較すると、同一人物（右筆）の筆跡でないこと、大変簡潔な文面であること、および重厚な感触でなく、たどたどしい点などに気付く。これは、頼武政権に何か問題が生じていたことを示してはいないだろうか。

実際、大永五年六月二十六日付の神余昌綱（かなまりまさつな）書状には「土岐殿・斎藤名字が山入へ取り除かれ候」（『越佐史料』）とあり、争乱の様子がみてとれる。そして八月一日には、金華山（きんかざん）下周辺における大乱へと発展していく。よって⑤の禁制は、こうした美濃国内の世情をよく反映していると考えられるのである。

これらの史料から、土岐頼武は少なくとも大永二年から五年の間は守護職に在任していたことが確実となった。さらに永正十六年（一五一九）六月十六日の政房死去時から、大永二年までの三年間も、

土岐二郎（次郎）の名で守護職であったとみて問題ないであろう。

ただし、⑥の「土岐次郎」については頼武か頼芸かはっきりしない。次郎は土岐氏惣領の呼称だからである。大永七年四月には頼芸が代替わりのお礼をしているので、おそらくは大永六・七年頃に頼武は亡くなったものと考えられる。「お湯殿の上の日記」に、「みの（美濃）のとき（土岐）御代はじめの御れい（礼）に御むま（馬）千疋、御たち（太刀）二百疋、しん上する」とある。なお、大永四年には頼武に嫡男頼充（よりみつ）が誕生している。

土岐頼芸と枝広館

「頼芸」は読みが定まっていないので、歴代中唯一「ライゲイ」と音読みで呼ばれている。元和八年（一六二二）刊行の小瀬甫庵（おぜほあん）「信長記（しんちょうき）」によれば、「三河国あづき坂合戦の事」のなかで、「土岐頼芸」について、「ときのりより」と書いている。上下逆転を修正すれば「よりのり」である。

頼芸は兄頼武との激しい争いの末、大永七年（一五二七）に実権を握ったようである。この頃の頼芸の館は金華山近くではなくて、池田町の本郷城だったと考えられる。頼芸は大永五年七月には、瑞龍寺（岐阜市）に輪番住山中の雪岫瑞秀に、祖父成頼像の賛文を依頼している。

頼芸は、大永七年から三年後の享禄三年（一五三〇）に越前から兵を引き揚げている（愚渓寺本「明叔録」）。

（前略）近日府君江越に会して、全軍を率いて帰る。（後略）

仲冬（十一月）五日　享禄三寅

おそらくは頼武を追って朝倉氏の本拠・一乗谷へ迫ったのだろう。頼武はこの頃に死去したと考えられている。帰国した頼芸は、享禄四年に上洛し、六月八日に細川高国が亡くなったことを悼み、京都大心院で景堂和尚を導師として追悼会を開いた。このとき、美濃国内の禅僧の一部から「吾カ（わが）濃州太守」と呼ばれている。

なお、「伺事記録（うかがいごときろく）」享禄四年閏五月十三日条に「（松田）亮致披露、佐々木少弼（六角定頼）言上、洛中の土岐屋敷の事、土岐出状の旨に任せ御裁許」とあるので、京都には土岐氏の館があり、この頃に頼芸が在京していたことは間違いないだろう。

頼芸は当初、斎藤長弘（ながひろ）や長井新左衛門尉らに支えられていたが、彼らが相次いで死去すると、新左衛門尉の子・長井規秀（のりひで）（のちの斎藤道三（どうさん））を重用している。

享禄五年（天文元、一五三二）十二月一日には、「土岐」が枝広館（えだひろ）（岐阜市）へ移ったことを『実隆公記』が書き留めている。「濃州便宜、土岐新居移徙、状をもってこれを賀せり」や「土岐返事到来、蘇氏竹祝著の由、枝広に移徙有りと云々」などとあり、土岐とは頼芸を指すのだろう。当時敵対していた朝倉氏の本拠に近い西濃の地を離れて、かつて土岐氏の館があった福光周辺に戻ったものと考えられる。なお、頼武はすでに死去しており、その子頼充は大桑に引き籠もったとみるべきである。

頼芸は天文四年六月十六日、枝広館で政房の十七回忌を盛大に挙行した。導師をつとめた仁岫宗寿

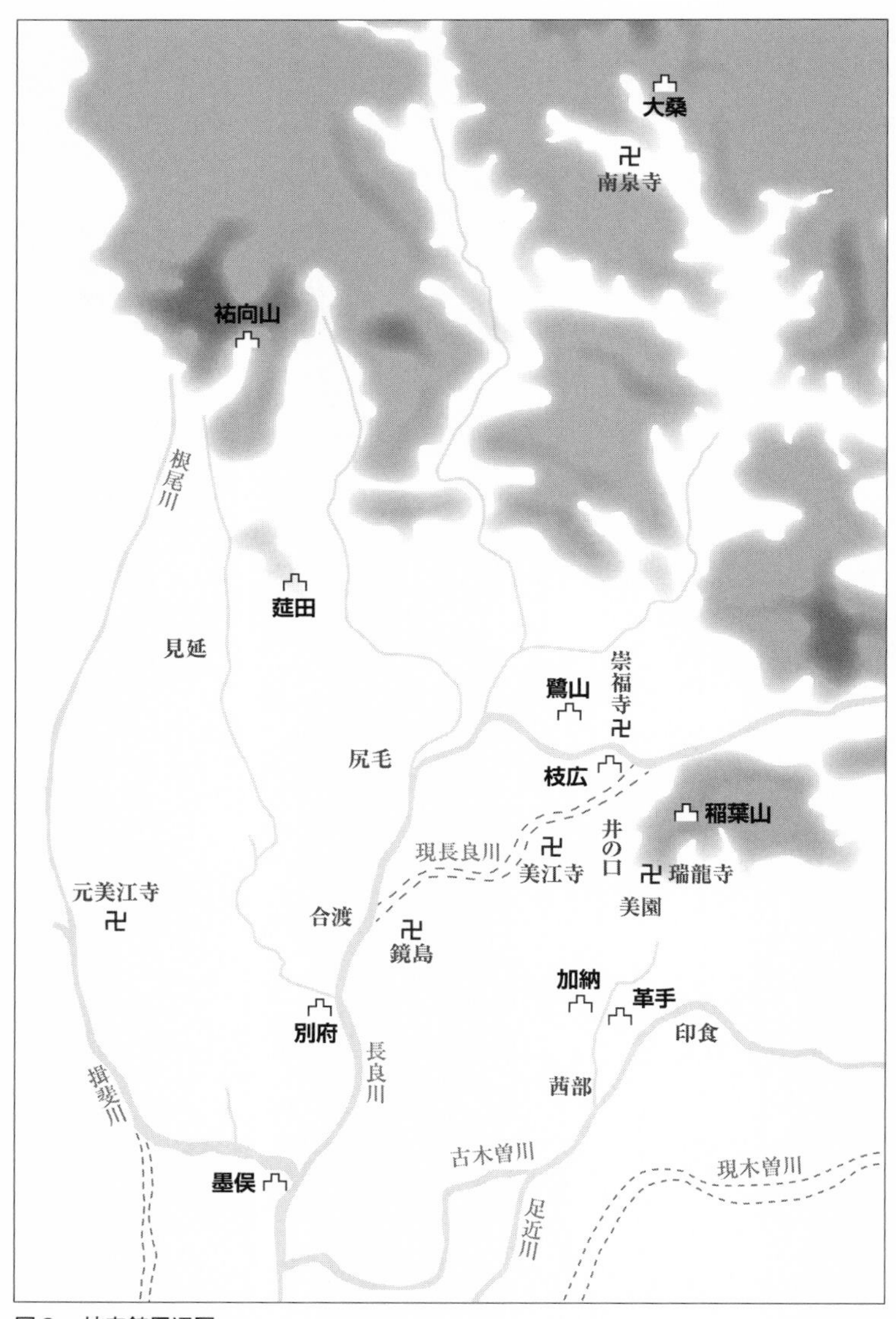
大桑
南泉寺
祐向山
根尾川
莚田
見延
鷺山
崇福寺
尻毛
枝広
稲葉山
井の口
現長良川
美江寺
瑞龍寺
元美江寺
美園
合渡
鏡島
加納
革手
別府
印食
長良川
揖斐川
西部
古木曽川
現木曽川
墨俣
足近川

図３　枝広館周辺図

の法語・内閣文庫本「仁岫録」に次のようにある。

承隆寺殿前左京兆海雲寿公大禅定門十七回忌香語

（前略）索訶世界南瞻部洲大日本国美濃路方県郡居住、菩薩戒を奉る弟子、大功徳主・孝男・源君頼芸、天文四年六月十六日、伏して皇考承隆寺殿前左京兆海雲寿公大禅定門（政房）、十七年遠忌の辰に値り、預め今月今日を涓び、府第について、梵筵を敷設し、先庚すること七日、種々の法事を営弁する。

またこの直後の二十二日、頼芸は将軍足利義晴の執奏により修理大夫に任官している（翌五年には美濃守に遷任）。

着々と美濃国主の地位を固めつつあった頼芸だが、七月一日に枝広館は洪水により流出・壊散してしまった。「仁岫録」に収録された「梅庭宗英大禅定尼七周忌香語」には次のようにある。

梅庭宗英禅定尼七周忌之香語

（前略）薩訶世界南瞻部洲大日本国美濃路方県郡居住、三宝を奉る弟子利兼、ことし天文十年孟秋一蓂、伏して梅庭宗英禅定尼七周忌の辰に値り、本院に就いて法事を営弁する。去る乙未七月旦、丈雨盆を傾けるが如く、江流は忽ち天を拍つ。金華は渡しを失くし、福光は梯子を流す。官戸・民屋は壊散すること数を知らず。道俗男女溺死するは豈計るべからず。哭声雲を穿ち地を動かす。

「厳助往年記」にも、「濃州大洪水、枝広と井口の間において、人は流れ死ぬこと二万余。家は数万家流失。希代の俄事（にわかごと）なり」とある。こののち、頼芸の居館をどこに再建するかというのが最大の問題であったろう。筆者は、道三が拠る稲葉山城下に頼芸の居館が設けられたと考えている（蓬左文庫が所蔵する江戸中期の絵図に見える北御殿所・南御殿所がその可能性が高い）。

頼芸・道三と頼充の戦い

ここで、土岐頼武の子・頼充について触れておこう。すでに述べたように、頼充は大永四年（一五二四）に生まれた。そして天文十六年（一五四七）に二十四歳で亡くなっている。守護頼武の嫡男として、成人すれば守護の座に就けるはずであったが、頼武と頼芸が対立し、頼芸が守護の座に就いていたために、果たせずに終わった。頼芸が枝広や井の口に館を構えていたため、頼充は大桑城から動くことができず、美濃の北半を領有するにとどまった。

天文四年八月には、美濃を舞台として戦火が起きている。「瑞龍寺紫衣輪番世代牒写」には「天文四年乙未自八月十七日大乱、炎上無住」とあり、「円興寺過去帳」には、

天文四年八月十七日、浄忍禅定門　宗林イン（院）、鷹司与十郎冬明、二位、於多芸討死、
　宗清禅定門　田中弥太郎、同上討死。

とある。そして長井八郎左衛門入道玄佐は、龍徳寺（池田町）に次の禁制を出している。

当寺乱入狼藉并放火の事、停止の段、当手の軍勢に堅く申し付け候、自然違乱候族（やから）は、拘え置かれ、

交名を御注進有るべく候、其れに随い申し付くべく候、恐惶謹言、

天文四　　　　長井八郎左衛門入道

八月十九日　　　　□□（玄佐）（花押）

龍徳寺

納所禅師

また、岐阜市長良の崇福寺も天文四年秋（七〜九月）に炎上しており、仁岫宗寿の語録「屋愚集」に「今茲天文乙未（四）の秋、吾叢寺已に兵燹に罹る、故に騒屑を避け、濃北の竜雲禅庵に僦り居る。今日小春（十月）五」と見える。関市下有知の龍泰寺所蔵の「祥雲山竜泰禅寺略記文」では、「天文四年霜月廿五日、再び兵火の災い有り。諸堂法器什物悉皆灰尽す」と記されている（『龍泰寺史』）。以上のように、戦乱により多数の寺院がこのとき灰燼に帰した。この時期、道三は次の文書を伊勢御師の福島氏に出している。

（端裏ウハ書）

「福島四郎右衛門尉殿

斎藤新九郎入道　　道三　」

この国の取り合いについて、伊勢神宮神前に祈りお祓いを受け、長鮑をいただき御礼申し上げます。こちらは、八月十七日に合戦となり、武藤掃部助ら数名を討ち取りました。それ以後、関

という所へ敵が砦を造ったので出兵し、大谷・蜂須賀など数多討ち取りました。九月十五日には西方で大利を得ました。土岐一族や重臣たち百余人を討ち取りました。合わせて頸数三ヶ度で三百余となりました。このように、過半本意をとげたところです。次郎は莚田（むしろだ）という在所へ砦を造り、越州衆・江南衆も少々加わりました。しかし、一戦の上、攻め落とすつもりです。御安心ください。そのときに報告します。
私は取り乱していたので、しばらく書状を書きませんでしたが、疎意にしたわけではありません。神忠を得たく、御祈念を頼みます。恐々謹言。

九月廿五日　　　　道三（花押）

福嶋四郎右衛門尉殿

御返報

美濃の多数の寺院が焼亡した先の記事とおおむね符合する。ここに見える「次郎」は土岐頼充、「越州衆・江南衆」はそれぞれ朝倉勢と六角勢を指す。

この史料によって、このときの戦乱は土岐頼芸・斎藤道三と対立する土岐頼充に朝倉氏と六角氏が加勢し、両者の間で激戦が繰り広げられた大規模なものであったことが判明する。多芸郡には六角氏が攻め入って大垣（西方城か）へと迫り、ついで莚田に至った。また、朝倉軍は越前から南進し、根尾（ねお）・本巣（もとす）を経て、さらに長良川を渡って稲葉山城を包囲したのではないだろうか。頼充は大桑から莚田砦（舟木山）まで本陣を進めていたとみられる。関での戦いは、尾張の軍勢が頼充の援軍として出張してきており、ここで道三が蜂須賀一族らを討ち取っている。なおこのとき、道三は嫡子義龍（よしたつ）を美濃から尾張知多半島の佐治氏のもとへ、そしてさらに伊勢の福島氏のもとへと避難させている。

戦端が天文四年八月に開かれたことを考えると、前月に頼芸が拠る枝広館が洪水により壊滅したタイミングを頼充らが利用したものとみてよいだろう。このときの戦いはいったんは収まったようだが、翌年秋に再び動きがみられる。『天文日記』天文五年九月十九日条には、

国の儀へつふ（別府）の城の儀に付いて、斎藤彦九郎方の事、彼城をせめくり候て、結局はいなはやまより後巻すべきよし申し候間、彦九郎方如何の様に候間、長井きりかち候はば、門徒中の儀迷惑に候間、人々をもって坊主分の衆は山かがりへ取り退き候など申し、彦九郎方に合力として小弼（六角氏）より雑兵かけて千二三百たち候、また朝倉方より三千計り立て候。

とある。文中で「いなばやま」（稲葉山城）とあるのは道三を指し、「長井」は反道三方で土岐頼充に味方していた長井玄佐であると筆者は考える。この両者で別府城（岐阜県瑞穂市）をめぐって戦ったことになる。

頼芸が落ち着きを取り戻すのは、天文六年二月のことであった。この月、崇福寺の仁岫宗寿が頼芸に「龍岳宗陽（りゅうがくそうよう）」との法諱を与え、道号の頌を贈っていることからみると、そのように考えられる。それを示すのが南泉寺本「別本仁岫録」で、次のようにある。

斎藤道三画像　岐阜市・常在寺蔵　画像提供：岐阜市歴史博物館

本州(美濃国)太守源公は法諱宗陽、道称(どうしょう)龍岳なり。前年に其説を見求せり。予は文を太いに拙くし、故(もと)より因循して今に至る。厳命は拒めず、二大字を書き竟(おわ)り、下に一偈を係(か)けて、以って国家の遠大を奉祝して云わく、

龍岳

凛々威風雲所従、千岩万壑自朝宗、果然呑却乾坤了、吐作岐山第一峰、

旹天文第六強圉作噩之歳仲春如意珠日、

前妙心現住崇福仁岫野釈書焉、　印

ただし、頼芸自身は一度もこの法諱を用いず、のちに「徳秀斎宗芸(とくしゅうさいそうげい)」と名乗っている。宗陽では何か気に入らないことがあったのだろうか。

六角義賢が頼芸方と同盟を結ぶ

幕府の重鎮・大館常興(おおだちじょうこう)が奉行人の治部氏と松田氏に宛てた次の文書を見てみよう（「秋田藩採集文書」）。

御使として佐竹新介東国下向の由に候、御慮外事に候、調進然るべく候、将又(はたまた)濃州国中の儀、土

岐美濃守・同名五郎・斎藤彦九郎三人へ毎事其の煩い無き様に下知せらるべきの段、別して奉書成さるべき由に候也、恐々謹言、

天文六

三月廿一日　　　　常興（大館）

治部河内守殿

松田丹後守殿

土岐頼芸（土岐美濃守）らとともに、それまで頼充方であった斎藤彦九郎にも幕府からの指令が伝達されようとしていることから、この少し前に両派の和睦が成立したものと考えられる。なお、このときの両派の和睦に際しては、土岐頼芸と六角定頼の間で婚姻を伴った同盟が結ばれた。次の文書を見てみよう（「崇福寺文書」）。

美濃守殿に申し対され、別儀あるべからざるの旨、折紙をもって申さる由、今に始まらざる儀に候といえども、覚悟の趣、尤も珍重に候。弥紛骨を致すべき事、肝要に候。猶進藤山城守申すべく候。恐々謹言。

（天文六年〈一五三七〉か）

七月廿一日　　定頼（花押）

斎藤帯刀左衛門尉殿

これによると、定頼の仲介で斎藤利茂が「美濃守」＝頼芸に誓紙を提出しており、このの ち利茂が頼芸の下で守護代をつとめている。定頼との同盟は頼芸方にとっても大きなものとなった。なお、利茂の守護代としての初見文書は、岐阜市阿願寺にある天文七年九月十四日付の判物である。

一方、この時期の頼充の動向として注目されるのが、天文七年と目される八月十二日付けの斎藤実安書状である（「鷲見文書」）。意訳すると次のようになる。

> 御書状を詳しく拝見した。すなわち、次郎殿様が御帰国することを知らせてくださり、ありがたい。そのことを御屋形様（頼芸）に申し上げたところ、「承知した」とのことである。次郎殿様への御礼（ごあいさつ）について宿老衆に相談したら、年始・八朔などの御あいさつは前と変わらず、「鷲見彦五郎など同名衆に出頭させたらどうだろうか」とのことである。今後とも仲良く頼む。

ここからは「次郎殿様」＝頼充の帰国を頼芸が容認したことがわかり、その後の付き合いについて相談している。どこから帰国したのかが問題となるが、越前の朝倉氏のもとからの可能性が高いと考える。これにより、美濃国内の情勢はひとまず静謐となったようだ。天文八年正月には仁岫宗寿が次のような偈を作っている。

> 迎春白髪老禅の和、兵塵止みたり祝讃多し、先ず一樽を喚んで花酌に対す。文殊は撃節普賢は歌。
>
> 天文八年

さらに、天文八年八月の近江国蒲生郡の龍王寺再建奉加帳には、美濃守（頼芸）と左近大夫（道三）

が、足利義晴・細川晴元らとともに署名している（「龍王寺文書」）。

なお、大坂本願寺が天文八年十一月に頼芸らに贈った礼物からは、それぞれの人物の格等が判明するので掲げておこう。

土岐美濃守　太刀一腰（安吉代六貫計）　虎皮一枚　馬代

鷲巣六郎　一腰代同　織色二端　馬代

斎藤帯刀左衛門（土岐へ取次也）　一腰代同　織色二端　馬代　此人守護代

斎藤彦九郎入道　一腰（一貫五百）　段子二端　馬代

斎藤左近大夫（長井新九郎事也）　一腰（一貫文）　段子二端　（五貫六百）馬代

斎藤右衛門尉　一腰（七百文）　段子一端　新道場破却の時、此人の意見に依り、三百余ヶ所有るといえども十一ヶ所破の間、音信然るべき由、これを申す、

木下源次郎（揖斐取次也）　一腰（五百文）

高木美作（鷲巣へ取次）　一腰同

この土岐・鷲巣・宗雄・祐向領中を各上下候事に候、

太刀をみてみると、斎藤彦九郎入道に贈られたものは頼芸の四分の一（一貫五百文）のもので、道三（斎藤左近大夫）はさらに安い一貫文のものが贈られている。彦九郎は守護代より地位は低かったものの、道三よりは少し上位に扱われていることがわかる。

頼充、織田信秀と朝倉孝景に支援を求める

天文十二年（一五四三）のおそらく年末、道三が頼充の拠る大桑城を攻めた。東京大学史料編纂所所蔵の「別本仁岫録」には次のようにある。

一偈を打して、以って戦亡諸霊に薦(そな)える、
生死軍中機各雄、直将利剣截春風、頭々何物不真境、水自緑兮花自紅、
天文十二　大桑乱後、集六万戦死骨、これを埋むる也、

さすがに「六万戦死」は誇張だろうが、この戦いにより頼充は大桑城を逐われた。しばらくその動向は不明だが、翌年三月二十五日は頼充の母方の祖父・朝倉貞景（天沢宗清居士）の三十三回忌にあたることから、頼充の母が仁岫宗寿を導師として犬山の瑞泉寺で法要を行っている。頼充も母と同様に織田信秀を頼って尾張に逃れたものと考えられる。

松原信之氏が紹介された称念寺本朝倉系図（松原一九七三）によれば、

貞景
　孫次郎、弾正左衛門尉
　天沢宗清、永正九壬申三月廿五日逝去也

とあり、その子として孝景以下七男三女が挙げられており、末子に、

△女子　土岐殿妻女

とある。

頼充は越前の朝倉氏にも援軍を要請し、天文十三年六月には朝倉氏の出兵が確実になったようで、道三は池田町の龍徳寺に次の禁制を発給している。

当寺濫妨狼藉放火等の事、堅く停止せしめ訖んぬ。若し違犯の族に於いては、交名を注進有るべし、罪科に処さるべきの状如件、

天文十三
六月　日　　利政（花押）
龍徳寺

朝倉氏の軍勢は八月に出兵してきたようで、これに対し、頼芸は岩手四郎に次の文書を送っている。

（折封ウハ書）
「岩手四郎殿　　頼芸」

菩提山の儀申し出ずるの処、即時に入城せしむるの由注進候。尤も神妙に候。江の南北へ堅約せしむるの条、切々の時は、彼方へ申し談ずべく候。斎藤左近大夫かたへも、堅く申し付け候。要害の事、油断なく申し付くべく候儀肝要に候。猶稲葉右京方申し候。

大桑城跡の石垣　岐阜県山県市

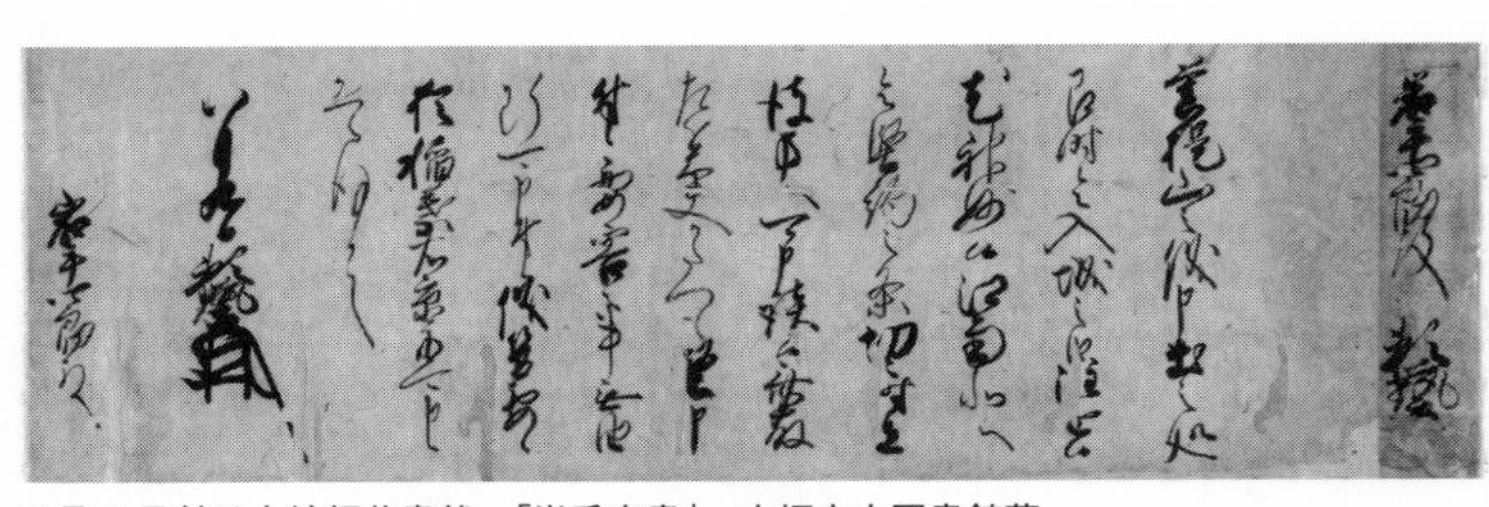

8月9日付け土岐頼芸書状　「岩手文書」　大垣市立図書館蔵

恐々謹言。

（天文十三年か）八月九日　　頼芸（花押）

岩手四郎殿

頼芸は「菩提山城を固めよと命じたら、すぐに入城したとのしらせが届いた。とても殊勝なことです。近江の南（六角氏）・北（浅井氏）と約束したので、いざというときはそちらに相談してほしい。斎藤左近大夫（道三）にも堅く申しつけたので、城を固め油断なくしてほしい。詳しくは稲葉右京（一鉄）から申し上げる」と述べており、六角氏と浅井氏の協力を取り付けていたことがわかる。次に、揖斐光親（いびみつちか）の書状を見てみよう（「毛利文書」）。

未だ申さず候といえども、染筆候、仍って一城調うるの儀について、境目に至って右京亮（稲葉一鉄）差し越し候の処、種々馳走の由、祝着に候、殊に今の度尾州衆出勢の刻、出陣すべき由尤に候、旁（かたがた）重ねて申すべく候、猶須（須藤）孫三郎申すべく候、恐々謹言、

八月十七日　　光親（花押）

毛利小三郎殿

光親は頼芸の実弟で、土岐氏庶流の揖斐家を継いでいた。宛所の毛利小三

郎は尾張国八神（やがみ）城（岐阜県羽島市）主で、濃尾国境の領主であった。「尾州衆」（織田信秀勢）が出陣してくると、最前線となる。光親は八神城との連携のため新城を造ることになり、その関係でこの書状を送ったのであった。

ところで年末詳だが、次のような頼充書状がある（徳川美術館所蔵）。

この度の出陣の儀に就き、則ち使者を以って、手法・陣執り等を申すべくの処、取り乱し延引慮外に候、其の口の義、早々執り詰めらるるの段、祝着至極に候、委細霜台演説有るべく候、猶神戸治部丞申すべく候、恐々謹言、

九月十二日　頼充（花押）

織田大和守殿

宛名の織田大和守達勝（みちかつ）は尾張国下四郡の守護代で、清須（愛知県清須市）を拠点としていた。このような高位の者に出す手紙（この文書は恐々謹言で終わっており、形式上は書状である）に、差出人が実名のみ、あるいは実名のみで苗字を書かないのは、受取人の大和守よりも上位の者に限定される。身内の者であれば、宛名に苗字を付さない。この場合は「織田大和守」と苗字も書かれているから、頼充は達勝の身内の者ではないことも確実である。

また、文中で「霜台が演説する」と述べている。「霜台」は弾正台（だんじょうだい）の唐名（とうめい）で、ここでは織田信秀（弾正忠）を指す。「霜台殿」と特別な敬称を付さないのは、身分的に頼充は織田信秀よりも上位に在ることを

示している。信秀が頼充の側近くにいて、織田達勝までが出陣してくるような戦は、今のところ天文十三年九月の斎藤道三攻め以外に考えられない。

同じく徳川美術館所蔵の『芳墨拾遺』に九月二十五日付の水野十郎左衛門宛て長井秀元書状がある。その文中で、「一昨日、次郎・朝倉太郎左衛門・尾州織田衆が稲葉山城下へ攻め寄せてきたが、逆に道三方が大勝した」と述べており、この文書はその直前に当たるものと思われる。そうであれば、「尾州織田衆」は織田達勝と織田信秀、「朝倉太郎左衛門」は朝倉孝景、「次郎」は頼充に当たることになる。道三方の長井秀元は、敵対する武将たちのことを書いているから、これらに敬称は付していない。

織田勢、稲葉山城に迫る

天文十三年（一五四四）九月、織田勢は稲葉山城に迫った。このとき、織田与十郎寛近が立政寺（岐阜市）に禁制を発給し、自軍の狼藉を禁止している（「立政寺文書」）。

当手の人数、乱妨狼藉并陣執の儀、堅く停止せしむ、若し此の旨に背く族これ在らば、成敗を加うべきものなり、仍て執達如件、

天文拾三　　織田与十郎

九月　日　　寛近（花押）

立政寺参

侍者御中

一方、織田・朝倉勢の襲来をうけた道三は、千田・長谷川・武井・西堀の四人の家臣を近江の観音(かんのん)寺(じ)・佐和山(さわやま)・日野(ひの)郷に派遣して、援軍の交渉に当たらせている。また同時に、伊勢御師の福島四郎右衛門に祈禱を依頼するとともに、戦勝祈願のため福島四郎右衛門に椿井郷（岐阜県養老町）で百二十貫文の地を寄進することを伝えている（「伊勢古文書集」九月十六日付斎藤左近大夫利政書状）。

九月十九日には頼充方の徳山次郎右衛門と道三方が赤坂（大垣市）で激突し、徳山が勝利した。敗れた道三方は赤坂周辺の城を開城し、退散している（「徳山文書」）。それを示すのが次の文書である。

去る十九日、赤坂に於いて一戦に及び、井口は利を失い、方々の城退散の旨の注進を披見し候、
猶至賛の儀は示し給うべく候、委細は川合三郎申すべく候、恐々謹言、

九月廿五日　宗淳(朝倉孝景)（花押）

徳山二郎右衛門尉殿

『信長公記』によれば、「九月二十二日、織田信秀は稲葉山の麓に迫り、有利に戦を進めているように見えた。申(さる)の刻（午後四～五時）になったとき、日が暮れるのは早く夕闇が迫っていた。そこで、信秀が兵の半分を引き上げさせたところへ道三が一斉に攻めかかり、織田軍を切りくずした」とある。二十二日の合戦では道三方が織田勢に勝利したようだ。同じく『信長公記』によると、織田勢の戦死者は織田与次郎（信秀舎弟）・織田因幡守・織田主水正・青山与三右衛門・千秋紀伊守・毛利十郎・寺沢・

稲葉山城（岐阜城）跡から望む岐阜の街並み　岐阜市

毛利藤九郎・岩越喜三郎のほか、五千ばかりと記されている。

　このときの合戦後に出された道三の感状が複数残っている。また、道三は九月二十三日に知多緒川城（愛知県東浦町）の水野十郎左衛門に首注文（討ち取った人の名前一覧）を送った（「徳川黎明会所蔵文書」）。さらに九月二十五日には、被官の長井久兵衛秀元を通じて水野十郎左衛門に詳しい戦況を報じさせている（「徳川黎明会所蔵文書」）。九月二十四日には、畿内の国人木沢左馬允（木沢長政の弟か）に宛て、援軍を派遣してもらったが、配下の者多数が討ち死にし、本人も疵を受けたことへの礼を道三本人が述べ、さらに「頼芸が書札をもって申すであろう」と伝えている（「古今消息集」）。そしてそこでも、敵は「次郎・朝倉太郎左衛門・織田弾正忠」であると述べている。

頼充と道三の和睦

泰秀宗韓の語録「永泉余滴」によると、次のようにある。

仙岳号

先師大猷慈済禅師（興宗宗松）、登公首座に字して曰く、仙岳と。公は先師膝上の文度にして、巾匜に侍すること年有り。先師順世の後、北往南還、因循して諸に居を送る。遂に濃の西に菟裘の地を営む。蒲団上に秋を賞で、暉玩の冬愛づ。天文甲辰（十三）の冬に丁り、濃の西東に左角有り。公は之を避けて予の尾の永泉叢寺に籍して三たび蛍雪の換るを見たり。天午（十五）秋の季、濃は和親の策を以て君臣道合す。公は郷梓に皈るを告ぐ。打話の次に曰く、先師賜う所の仙岳号、これを書き賜うれば幸甚なりと。（以下略）

これによると、天文十三年（一五四四）冬に美濃で大乱が起こり、仙岳はこれを避けて尾張楽田永泉寺（愛知県犬山市）へと逃れた。ところが天文十五年秋の季（九月）に和睦が成ったことで（「濃は和親の策を以て君臣道合す」）、美濃へ帰国したというのである。つまり、天文十三年より約二年にわたって頼充と頼芸・道三との間の争いが続いていたことが判明する。両者の和睦により、頼充も天文十五年に美濃に帰国した（「岩手文書」）。

（包書ウハ書）

「天文十五

弾正少弼

岩手弾正忠殿　定頼」

岩手に至るに就き、次郎殿御進発供奉(ぐぶ)の由に候、此の節軍功に励まるべき事、肝要に候、御手遣(てづか)い等の義は隙なく、こと殊に馳走は専要に候、猶蓮花寺(れんげじ)御演説有るべく候、恐々謹言、

九月廿一日　　定頼（花押）

岩手弾正忠殿

また『江濃記』にも、

その後、尾張の武衛殿ならびに京の公方様より御あつかいの御使ありて、土岐殿大桑へ御帰座あり。道三は大桑へ出仕して、その後上洛有り。子息両人公方へ御勤仕申けり。頼芸は隠居あり。子息次郎殿屋形になおり給ひけり。次郎殿は則ち道三聟に取り奉る。

とある。道三の息子のうち二人は室町幕府に出仕することになったらしい。

だがこの和睦が頼芸を守護から隠退させ、頼充を守護に就けるということであったのかどうか、もしくは、いずれ頼充を守護職にするというような将来的な約束で和睦が成ったのかは不明である。

「葛藤集」の栢堂景森の一文によると、

粤(ここ)に好事(こうず)の人有り。其の日達知するに本州府君幕下の臣にして且つ忠義の意あり。天申(天文十七)の春、吾が南泉新寺において、花の奇なる者、木の異なる者、遷さざるなし。実を栽し、種を尽し植え

るの妙なる者也。

とあり、ここに見える「府君」は、頼芸を指しているようだ。

その前の一文には「南泉寺殿玉岑君の霊廟」とみえ、これもまた頼充が守護職であったというような記述はない。筆者はこれまで、天文十五年の頼充の帰国は頼充が守護職になったことにともなうものと考えていたが、訂正する。やはり頼充は守護ではなく、次期守護職予定者にすぎなかったのである。

しかし、頼充は翌天文十六年十一月十七日に二十四歳という若さで死去してしまう。頼充の葬儀では、頼充の菩提寺として大桑に創建された南泉寺の住職仁岫宗寿が導師をつとめた。下火語（禅宗の葬儀における葬送のことば）などが「葛藤集」にみえる。

仁岫は下火で「法名の圭は玉に似てキズなどない。美誉芳声が四辺から聞こえるようだ」と唱え、道樹寺（岐阜県美濃市大矢田）の景聡が掛真の語を詠じ、以下、従者は不明ながら奠湯・奠茶・鎖龕・起龕の語が収められている。ここには頼充夫人も参列したであろう。

美濃守護だった土岐持益・成頼・政房たちの菩提寺建立は、守護就任時かそれより前からかに進められていることから推定すれば、頼充の菩提寺としての南泉寺も、頼充が亡くなったときには完成していた可能性は高い。新築成った南泉寺に頼充は葬られたことになる。南泉寺の開山和尚は崇福寺から来た仁岫宗寿であり、法嗣（弟子）の快川紹喜もここへ移った。そして、仁岫が天文二十年（一五五一）六月十五日に亡くなると、快川が南泉寺の後住となった。したがって、快川は頼充や頼充夫人（道三の娘）とも親しく言葉を交わす機会は多かったと思う。

夫人はしばらくして道三のもとへ戻っただろうが、この女性が天文十八年の初め頃に織田信長へ再嫁した濃姫(のうひめ)その人であろうと筆者は考えている。道三と織田氏の争いは頼充の死去以降も続いていたが、信長と濃姫の婚姻を契機として和睦した。

織田信秀に似ている頼充の花押

頼充の花押は、土岐成頼・政房・頼武と歴代守護が用いてきた足利流の花押とは似ていない。母親の実家であり、長らく頼充が滞在・頼っていた朝倉家の歴代も、足利流の花押を用いているので、これまたまったく異なるものといえよう。

最も近い形は織田信秀の花押であろうと思われる。信秀も天文十年（一五四一）頃までは足利流の花押を用いており、天文十八年にはこのような形に変化させている。それまでの八年間ほどはどのような花押を用いていたか不明なので、天文何年に変えたかは明確にできないが、足かけ三ヶ国にまで領土を拡大させていた信秀の影響を、若い頼充が強く受けていたとしても不思議ではない。いわゆる頼充が目標としていた人物は信秀であったのではなかろうか。信秀は「秀」を変化させて花押としているとみられるのに対して、頼充は横線の上に「充」の字を様式化したもののように思われる。

土岐次郎は頼純か頼充か

『濃飛両国通史』上巻五一四頁に見える土岐系図では、『続群書類従土岐系図』、『尊卑分脈土岐系図』によるとして、次のように掲げている（系図10）。

この系図に見える正頼（まさより）は、天文十六年（一五四七）に四十九歳で亡くなったとしているが、南泉寺殿玉岑玄珪、つまり南泉寺にある頼純（よりずみ）の画像賛には、没年齢を推定する語句は無いものの、葬儀の際の法語によって、二十四歳で亡くなったことが判明する。すると頼純は逆算で大永四年（一五二四）の生まれだとわかる。

系図の記述のとおり頼純（政頼）が政房の子とすると、政房はその五年前の永正十六年（一五一九）六月十六日に亡く

土岐頼純画像　東京大学史料編纂所蔵模写

- 政房　美濃守
  - 政頼　明細記土岐系図云、盛頼又頼純、天文十六年十一月十七日、因病卒、四十九歳、法号南泉寺殿玉岑玄珪、南泉寺頼純画像讃亦同、
  - 頼芸　二郎、左京大夫、美濃守、家臣斎藤山城守反逆而美濃没落、往甲州寄食武田信玄、天文年中没落、天正十年十二月四日帰岐阜卒、法名文関宗芸
    - 頼次　土岐次郎、南陽院
    - 頼元　斎藤越前守、七郎法名道庵
  - 光親　揖斐五郎
  - 光敦　鷲巣太郎
  - 頼香　八郎

系図10　土岐氏略系図（3）

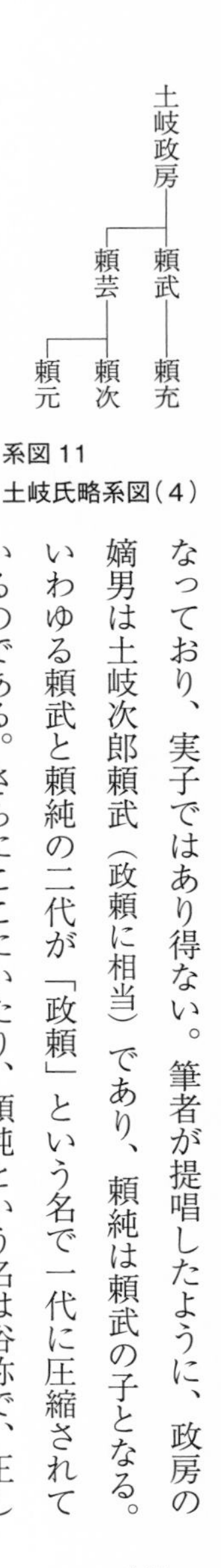

系図11
土岐氏略系図（4）

なっており、実子ではあり得ない。筆者が提唱したように、政房の嫡男は土岐次郎頼武（政頼に相当）であり、頼純は頼武の子となる。いわゆる頼武と頼純の二代が「政頼」という名で一代に圧縮されているのである。さらにここにいたり、頼純という名は俗称で、正しくは頼充と訂正しなければならなくなった。図示すれば系図11のとおりである。

頼充という名が、江戸時代の地誌類にまったく見えないかというとそうでもなく、近江国の人が書いた『江濃記』には、頼純のことを頼芸の二男の次郎頼充であるとし、「この日、頼充が鷹狩りで留守中に、頼芸は道三に大桑を攻められ、信濃へ落ちのびた。二十四歳。道三の婿の頼充は、長良川筋を落ちのび、河渡の渡しで道三に討たれた」とする。そのとき誰かが、道三の陣屋の前に、「主を討ち婿をころすは美濃尾張（身の終わり）昔は長田今は道三」という狂歌を詠んで立てておいたという。道三の婿であること、二十四歳で道三に殺されたこと、頼充という名は正しい。ただ一つ、頼芸はこのとき美濃を逐われてはおらず、追放されたのは天文十九年頃のことであった。次にこの点を詳しくみてみよう。

頼芸、道三により追放される

織田氏との和睦により、天文十八年（一五四九）には美濃・尾張間に平和が訪れた。このころ道三は盛んに内政文書を美濃各地に発しているが、もはやそこに頼芸の名は見えない。こうなると、頼芸などはまったくの飾りにすぎなくなり、いなくなったとしても何の問題も起きないように思われる。唯一、反対するのは織田信秀であろうが、信長と濃姫との婚儀が成った以上、事前通告さえすればさしつかえないだろう。

天文十九年と思われる七月二十五日、道三は本願寺の証如（しょうにょ）上人に太刀一腰と河原毛の馬一疋を贈って「懇意にしてほしい」と述べており、西濃域に広がっている一向宗門徒との和解も進めた（「証如上人書札案」）。

天文十九年十月十日付けで、室町幕府は「土岐殿」へ翌年正月の垸飯（おうばん）のための費用負担を命じた（「後鑑」所収文書）。

明春正月二日、御垸飯の要脚の事、例に任せ、其の沙汰を致さるべきの由、仰せ下さる所なり。仍って執達すること件の如し。

天文十九年十月十日　散位

対馬守

土岐殿

このような文書が出されたということは、この時点ではまだ頼芸は健在であり、追放されていなかったとみるべきある。では、頼芸はいつ追放されたのだろうか。次の「村山文書」から、天文十九年十月十日より十一月五日の間に追放されたと考える。このことは木下聡氏も同様に考えておられる（木下二〇一四）。

美濃守殿御儀、不慮の仕合、是非なき儀に候、御身上の儀、相違有間敷候由、道三申候、委細稲葉伊予守差図に任せらるべき者也。備前守病中故、我等かたより此の如くに候。恐惶謹言。

十一月五日　　織田与十郎

寛近（花押影）

土岐小次郎殿

つまり、「美濃守殿（土岐頼芸）が国外追放の身となったが仕方のないことで、子息である小次郎の身の上は問題ないと道三が言っている。詳しくは稲葉良通の指示に従ってほしい。備後守（織田信秀）が病中なので、寛近から申し上げる」と言っている。

信秀は、天文十八年十一月頃から病床の身となり、天文二十一年三月三日に死去した。信秀が病の床についたとき、信長はまだ十五歳だったので、織田寛近が外交を代行したらしい。そうした中で、次のような稲葉良通らの連署状が土岐左京大夫（頼芸）宛てに出されている（「村山文書」）。六角氏のもとに寄食するうちは美濃守は自称できず、左京大夫を自称したらしい。

山城和予（与）の儀、上意を加えられ候の条、同事に去る五日、使者をもって申し入れ候、償（つぐな）うの処、道三所行前代未聞に候、道なく、かつ侍の義理を知らず、且つ都鄙（とひ）の嘲弄を顧（かえりみ）ざる次第、是非なき事に候、御心底の程遺恨更に休むべからず候、向後別儀これ有るべからざるの旨、誓約を以っ

て申し入れ候条、早速御領掌然るべく存じ候、詳細此の三人口上に申し含め候、恐惶謹言、

三月九日　　稲葉伊予守

良通（花押）

伊賀伊賀守

守就（花押）

氏家常陸介

不破河内守

土岐左京大夫殿

この手紙は、一見すると天文二十年頃の感じがするが、稲葉良通の名で署名しているので、永禄七年（一五六四）二月八日の出家名・一鉄（いってつ）の名で出された文書以前のものであることがわかる。少なくとも永禄六年以前である。また、永禄二年十一月十日には「氏家参河守直元（うじいえなおもと）」と称していたものが（「立政寺文書」）、この文書では常陸介であり、それより新しいものと言える。

内容を見ると、この手紙は、道三の所業は前代未聞のことで、御心底を推察申し上げると、道三の子義龍（よしたつ）が言っていることになる。道三はすでにこの世になく、道三と義龍は義絶しているので、何を言っても空手形である。こうして土岐頼芸は手を尽して美濃守護復活に努力したが、成果は得られなかった。子息の小次郎は美濃に在って、義龍に同心しており（「村山文書」一色義龍書状）、出家して宗

斎藤義龍画像　岐阜市・常在寺蔵　画像提供：岐阜市歴史博物館

芸と名乗った頼芸に、小次郎は長良鮎の鮨などを送っている（「村山文書」宗芸書状）。なお、江戸時代になると義龍が土岐頼芸の落胤であるという説（母は深芳野）が登場している。また、深芳野は稲葉一鉄の妹とされる。

いずれにしても、天文十九年十一月には、道三が国盗りを成し遂げたのだろう。頼芸が追放されたのは、「異本葛藤集」に、弘治三年（一五五七）と推定される二月中旬の幸公蔵局宛惟南の書状が見え、「濃州は六・七ヶ年以前、暴虐の臣によって国を奪われ、太守は江州に牢籠せり」とある。六・七ヶ年前とは天文十九年・二十年に当たる。『愛知県史』資料編中世三では、七月五日付けの今川義元宛て近衛稙家書状を掲載し、それによると、土岐美濃守（頼芸）の入国について、尾州の織田備後守（信秀）に相談するよう御内書を出した旨を伝えている。ただ、病床にある信秀としては、何の打つ手もなかったのだろう。

流浪する頼芸と土岐氏の滅亡

頼芸は、余暇に鷹や鳧の絵を描いて、友人・知人に贈っていた。長良崇福寺の栢堂（天正八年〈一五八〇〉

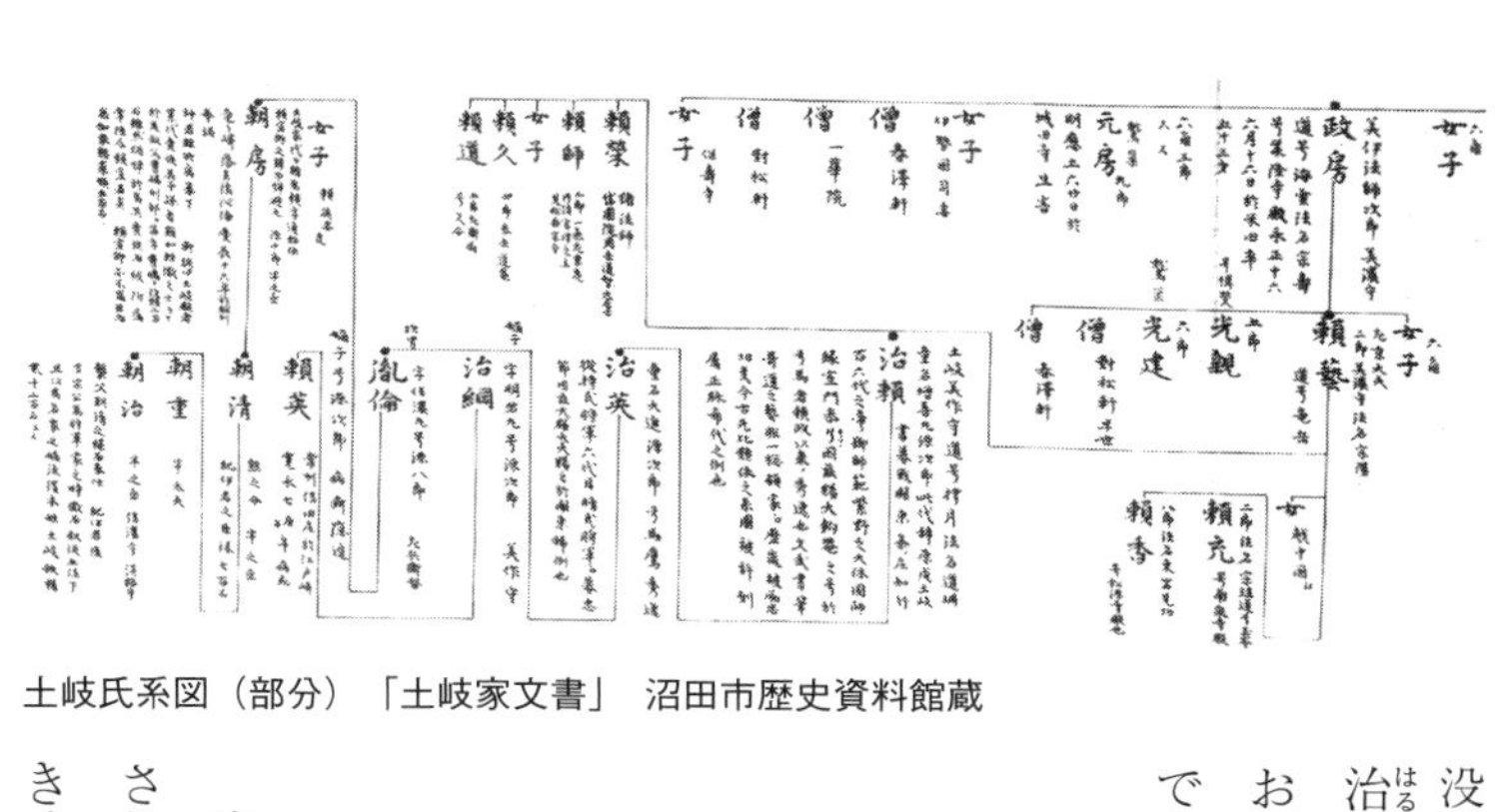

土岐氏系図（部分）「土岐家文書」 沼田市歴史資料館蔵

没）は、この凫の絵に一偈を書いている（「葛藤集」）。また、頼芸の弟・治頼（はるより）は常陸国江戸崎（茨城県稲敷市）の土岐氏のもとへ養子に行っており、その子大膳大夫治英（はるふさ）は頼芸の従兄弟にあたる。徳秀斎宗芸の名で大膳大夫（治英）に出した頼芸の手紙が残っている（『稲葉郡志』）。

　追って申し候、去年御懇札喜悦に候、殊に御礼として黄金二つ送り給い候、祝着に候、

　其以来申すべく候処、働き隙無く遅々、疎意に非ず候、然れば当家の継図（マヽ）一書之を送り候、模様具親新たに申し含め差し越し候、彼の新左衛門の事、頼み雇い致し候て下り候、其の地逗留中御馳走本望たるべく候、将亦鷲の絵御所望候由の条、笑敷候得共これを進じ候、猶如心院（じょしんいん）申すべく候、恐々謹言。

　九月朔日　　　徳秀斎宗芸

　　大膳大夫殿御宿所

室町時代の土岐氏は鷹の絵で名高い。平成六年（一九九四）に刊行された岐阜市歴史博物館の展示図録『土岐氏の時代』では、これを大きく取り上げている。それによれば、鷹の絵を描いた画人としては、

鷹図　土岐富景筆　東京国立博物館蔵　出典：ColBase（https://colbase.nich.go.jp/collection_item_images/tnm/A-10379?locale=ja）

頼忠（頼世）・頼芸・富景・洞文・頼高・直頼・範頼が挙げられるとする。その中で、頼忠については江戸時代は元文三年（一七三八）の「美濃明旧記」の記述のみで、少し早いのではないかという。次に確実なのは土岐頼芸である。出光美術館所蔵の白鷹図に「美濃守富景筆」とあり、室町末期の作品と考えられるため、頼芸が富景と称したものと考えられている。

富景と頼芸が同一人物とすれば、頼芸が落ち着いて描ける時期は天文元年の枝広館入部から天文十九年の道三による追放劇までのうち、戦乱などを除いた期間であったと思われる。あるいはまた、近江六角氏に寄食した天文十九年からしばらくの間、富景という雅号を用いたとも考えられる。

六角氏が滅亡した永禄十一年（一五六八）前後に、頼芸は武田信玄のもとで食客となった。『美濃国稲葉郡志』によれば、画法を一族の土岐富景に学び、また小栗宗丹（おぐりそうたん）から山水人物花卉鳥獣を教わったという。天正十年三月の武田勝頼滅亡により、織田信長に捕えられて、岐礼（きれ）（岐阜県揖斐川町谷汲）に隠棲し、天正十年十二月四日に死去した。享年八十一歳。法名「東春院殿文関宗芸」（『稲葉郡志』）。

土岐頼芸の墓　岐阜県揖斐川町・法雲寺

晩年、美濃では禅僧の南化玄興が世話をした。頼芸の死去とともに土岐氏の時代は終わりを迎えたのである。

現在のところ、天文十三年（一五四四）九月の稲葉山城山麓の戦いについて触れた論考で、土岐次郎について土岐頼充としたのは『福井県史』のみである。おそらくは『江濃記』から頼充の名を採用したのであろう。このたび土岐頼充の発した文書が確認された意義は大きい。戦国の濃尾地域にまた一つ確定要素が提供されたのである。土岐次郎頼充が土岐次郎頼武の名称を引き継ぎ、わずか一年という短期間ではあったが、幕府公認のもとで守護に就任したことも確認できる。さらには、頼武（永正十六年六月～大永五年頃）、頼芸（大永五年六月～天文十五年九月）、頼充（天文十五年九月～十六年十一月十七日、頼芸（天文十六年十一月～天文十九年頃）というように守護の任期もかなり明確となる。

しかし、今日でも、筆者が提唱した頼武・頼純父子二代説を受け入れず、頼純は架空の人物であり、頼武（政頼）が天文十六年に四十八・九歳で亡くなったとする人もあるので、今後一層この時期の史料発掘を進めなければならないと考えている。

第Ⅱ部　土岐氏の歴史を掘り下げる

土岐成頼画像　東京大学史料編纂所蔵

Ⅰ　土岐長山頼元の新出史料について

愛知県尾張旭市印場の良福寺は、臨済宗妙心寺派の寺である。名鉄瀬戸線印場駅の北側に大きな伽藍を擁している。ところでこの寺はもと聖一派の寺で、名古屋市東区矢田三丁目の長母寺開山無住（聖一国師の弟子）（大円国師）の孫弟子にあたる無翁順一を開山としている。

無翁の示寂年月は、寺伝では不明となっている。法系図の状況から見れば、無翁は南北朝前期の人と見られるので、その頃に良福寺は開創されたとみられる。ただし御住職は、本尊が阿弥陀如来なので禅宗としては不自然であるから、それより前（鎌倉時代）にも寺があったのではないか、はじめは天台宗などの寺であり、ついで聖一派の寺になったとの想定をしておられる。

この良福寺に二基の古い位牌がある。その刻銘等は次のとおりである。

①（表）「満願寺殿普照通光大師覚霊」（陰刻）
　（裏）「遠江守姨母、七月廿五日、慶檀造」（朱書）

②（表）「前遠州太守通能禅定門神儀」（陰刻）
　（裏）「美濃国住、土岐長山遠江守頼元、四月廿九日、慶檀造」（朱書）

位牌は江戸時代のものではなく、中世の古式のものである。また「大師」という表現は、近世ならば「大姉」とするもので、中世はこのように書く場合が多い。「姨母」というのは遠江守の母の姉妹を指す。これらの用語によっても、位牌が近世に造立されたものではないことを示している。

この位牌を造立した慶檀という僧は、土岐（長山）頼元と普照通光大師の両名と何か俗縁がある人のように思われるが、詳しくはわからない。両名ともに、亡くなった年号は位牌造立の時点ですでにわからなくなっていた可能性があり、毎年の命日だけが伝えられていたように思われる。しからばこの位牌は室町中期頃の造立であろうか。

系図①　略系図〈玉林法系図『五山禅林宗派図』による〉

頼元公について

土岐長山氏については、谷口研語氏が『美濃・土岐一族』（谷口一九九七）の中で、『園太暦』の文和二年（一三五三）三月二十六日条に「土岐頼泰（頼康）の舎弟長山某、人殺しの尼を召し捕る」とあることなどを挙げている。また、『醍醐寺文書』に長山遠江守宛て守護土岐頼康書下があ

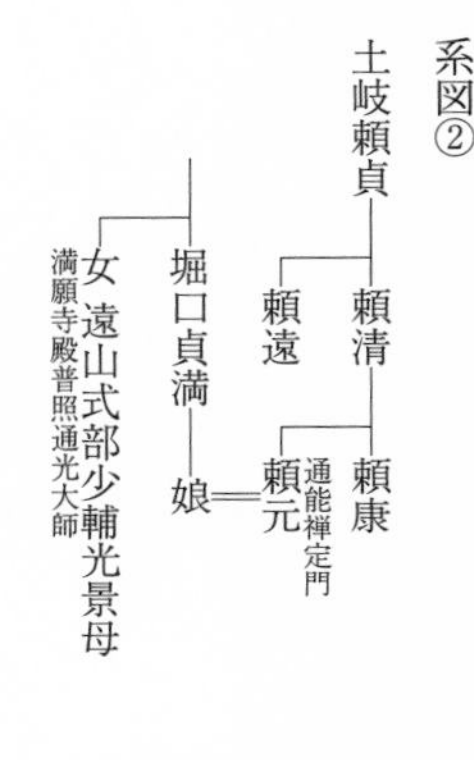

り、尾張諸郷保の地頭御家人ならびに被官の仁らの下地の押妨・年貢の抑留を停止するよう命じているとある。この長山遠江守は、『姓氏家系大辞典』では「堀口系図」に見える堀口貞満の娘を「長山遠江守頼基の室、遠山式部少輔光景の母」とすることから、『太平記』に見える長山遠江守を遠山氏流としており、昭和十五年（一九四〇）に刊行された『園太暦』（大洋社）は土岐一族で頼康の弟の長山某を頼基にあてている。以後、『岐阜県史』『岐阜市史』『新修一宮市史』の各自治体史史料編もこれを踏襲しているとする。

その後の長山氏についても谷口氏は触れているが、いずれも史料紹介にとどめて、結論を出していない。断定史料に欠くので、結論を出せなかったのであろう。

今回紹介する位牌から得られる知見として、何が重要かといえば、長山遠江守の実名が頼基ではなく、同音ながら頼元であると言えることにある。自然的に土岐明智氏の祖である頼基とは別人であることが明白になり、頼康舎弟の頼元ということも確定できることになる。頼元周辺の系図を次に掲げる（系図②）。

室町時代の長山氏

南北朝末期に、土岐氏が尾張守護職を罷免されたことにより、尾張に進出していた土岐氏一族は、次第に尾張から閉め出され、美濃へ戻っていった。長山氏も例に洩れず、美濃へ帰ったのであろうが、発足の地である各務郡芥見（岐阜市）へ戻ったかどうかの確認がとれない。室町時代の長山氏については、『梅花無尽蔵』二に記事が一ヶ所見られる。

息焉亭　岐之長山需之、

功名似絮舞風前、懶宇蕭條聊息焉、三処東山無此枕、鳥声不度自安眠、

その後の長山氏について、谷口氏は「伺事記録」を紹介して次のように述べている。

延徳二年（一四九〇）九月二十一日条によれば、松田数秀が美濃一島郷のことについて訴えており、「東福寺大音庵の契約と号して、土岐長山違乱の間、糾明を遂げんがため証文を出帯すべき旨、たびたび相触れらるといえども、ついに無音の条、長山の押妨をしりぞけらるるのところ、立ち帰りて強入部せしめ、今に押領す」とある。

Ⅱ　中世前期の久々利東禅寺について

寂室元光

鎌倉建長寺開山の蘭渓道隆の法孫である寂室元光（岐阜県八百津町伊岐津志の久昌寺開山約翁徳倹の法嗣）という人物がいる。寂室の紀年録によれば、文和元年（一三五二）に寂室が美濃の東禅寺（同可児市）に住山し、翌文和二年には、因幡国智頭の光恩寺（鳥取県智頭町）に招かれ、さらに文和三年には、美濃米田島の山院に来たという。米田島とは八百津町八百津から美濃加茂市米田にかけての中世の呼称であり、寂室が庵居したのは八百津の杣沢であったらしい。寂室は、南浦紹明下の可翁宗然（関山慧玄の法叔）や、法系上で寂室の従兄弟にあたる鈍庵□俊らと、元応二年（一三二〇）に中国（元）に渡って禅宗の本場で修行を積んで無事帰ってきた禅僧である。のちに近江に永源寺（滋賀県東近江市）を開いている。

このような寂室が、美濃の東禅寺に住山した（招かれたか）といえば、自身の杣沢庵居のことや、鈍庵がそのごく近くの御嵩町小和沢に居庵したことなどを考え合わせれば、東禅寺は久々利（岐阜県可児市）にあったと考えても良いように思われる。

おそらくは、土岐久々利氏によって、その菩提寺に招かれたというのが実態ではなかったか。久々利から東南八キロの所に、土岐頼貞が建てた定林寺（岐阜県土岐市）があり、その第二世は寂室や鈍庵と同じ大覚派の月心慶円であった。これらの遺徳を親って、法系に建居な僧たちがこぞって近隣の村々に庵居しようとしたとしても不思議ではない。

黙庵

寂室元光の法系に連なる（法系上の従兄弟の法嗣）とみられる人に黙庵がある。寂室の法姪（法系上の甥）にあたる中方円伊が、「東禅黙庵和尚」像賛を書いているので次に掲げる（『五山文学全集』三「懶室漫稿」）。

東禅黙庵和尚

面目巌冷、韻度沈雄。万物の表を傲睨し、一室中に栖遅す。脚を蹉いて寂室の門に跨り、麒麟は黄金の索を掣き断る。拳を空にあげて鈍庵の室に入り、鸑鷟は白玉の籠を衝き開く。石田茆屋、興尽帰去。別に家法を立て、あえて雷同せず。或時は高峰孤頂、独立単丁。仏を嫌って倣わず。或時は古渡頭辺、和泥合水、法のために身を忘る。覚雄の芳烈を播掲し、直翁の頽風を振起す。夫れ是れこれを西来の遠裔を謂う。東禅の始祖なり。（これ）黙庵老禅翁という者なり。

黙庵は寂室や鈍庵の室下で研讃を積み、覚雄禅師（無隠円範）の法嗣の直翁の印可を得たという。また、東禅の始祖（開山）となったというのである。中方円伊は、南北朝時代の延文元年（一三五六）

二月から延文三年（一三五八）春の間に亡くなったとされるので、この像賛が書かれたのもこれ以前のことである。また、寂室が文和元年（一三五二）に東禅寺へ住山したことから見れば（前述）、黙庵による東禅寺の開創は文和元年より前とみてよいだろう。久々利氏を開基として東禅寺が建てられ、何らかの縁故によって黙庵が開山に招かれたといえる。永保寺の古位牌中に、「東禅開基雪嶺覚大師」と刻まれた南北朝期のものがある。大師とは大姉と同じなので、雪嶺□覚という身分が高い婦人（大姉というからには、その夫は久々利氏である可能性が高い）の寄付によって東禅寺が建てられたことを示しているのだろう。

黙庵・寂室のあと、東禅寺がどうなったかは、今のところわからない。開基の位牌が永保寺（岐阜県多治見市）に納められたことから見れば、室町時代は永保寺の末寺となって存続していたかもしれない。

Ⅲ　「可児郡寺院明細帳」に見える久々利円明寺の由緒

美濃文化財研究会四月例会（平成十九年〈二〇〇七〉：編集部）で中山道みたけ館を訪れたとき、安藤弘文氏から、同館に「可児郡寺院明細帳」が所蔵されていることを聞いたので、例会終了後に拝見した。その中で、久々利の真言宗平牧山円明寺（ひらまきさんえんみょうじ）の由緒が詳しく書かれていたので複写をしていただいた。これは全文漢文調で書かれていて読み取りにくいので、便宜上ここに読み下して掲げ、研究の一助にしたいと思う。

由緒

当寺旧記にこれ有る夫物（ふもつ）の興廃は、必ず人に由（よ）る。其人存すれば則ち興り、其人亡くなれば則ち廃す。是れ世の常、足怪なきものなり。濃の泳邑（くくりむら）は、往昔天皇遊幸の地、山川秀□、林木叢茂（そうも）、実に仁智の盤旋する所なり。村の東、川あり。遡流すること幾五十歩、山あり。山の麓に古寺の遺址あり。資始は何年か不詳。旧記を按ずるに、弥陀薬師の両像を安置す。ただし州中第一の大仏なり。文安六年（一四四九）、舞馬の災に罹（かか）り焦土たり。宝徳二年（一四五〇）に到り、沙門幸心および地主桃林居士力をあわせ衆縁を募って其の廃を起こす。幾（いく）ばくならず仏像殿宇、落成の功をここに奏す。その後年月相い移り、世運転変し、僧侶逃散し、院宇頽敗し、草径瀼々、見る者心を傷めるのみ。

享保年間、沙門通範この遺址を訪ね、再造の奉地主に謀る。可休居士五十畝の地を施こし、勢州宗栄居士檀主と成る。ここにおいて材を聚め工を鳩む。享保二年辛丑春に鋸を始、冬に至って功を終る。堂宇房室煥然一新、謂つべく勤めたり。既にして範公寂し、嗣子智栄ここに居し、其の業を守る。然るにこの地、元は円明寺の号有るといえども、一度復放失せり。これを呼ぶことといえず、智栄朝に暮に礙膺（仮り）の物たるを愁う。州の洲原の社に廃寺あって観音院と号す。院は壊れて唯其の号を存するのみ。栄乞いこれを得て官庭に達して平牧山円明寺と改名す。是において、全く旧貫（観）に復すは、其の功□ここに偉たり。これあに先にいう所にあらざるなし。其の人存ずれば則ち興る者なりや。智栄の資の慈雲予にこの顛末を記すを乞う。予は其の志と曲縁廃興の事実を嘉で、また廃興存亡の理を論じ、もって後葉にのこせり、云尓。

Ⅳ　土岐久々利氏の史料追加

東京大学史料編纂所に、乙津寺（岐阜市鏡島）蔵本の「異本仁岫録」（影写本）が所蔵されている。原本は昭和二十年（一九四五）七月に太平洋戦争の空襲で焼失したので、この影写本が唯一の拠り所といえる。この書の五十二丁のところに、「釈迦入滅は文禄元壬辰（一五九二）に至るに一千」との書き入れがあるので、この頃に諸書から書き写して成立した本と思われる。

この書には、古くは妙心寺派の桃隠玄朔の作品から永禄年間までの法語偈頌を収めており、題名は「仁岫録」とあるものの仁岫に関するものはごく少なく、私が「異本仁岫録」と名付けるゆえんである。大正時代の『濃飛両国通史』では「仁岫録」によるとして一部が引用されている。この書は総百二十一丁（二四二頁）あり、そのうちの第六十八丁に今回取り上げる久々利氏の下火が収められている。それは明叔慶浚の作品であり、愚渓寺本の「明叔和尚語録」にも全文が収められていて、おそらく「異本仁岫録」はこの愚渓寺本から書き写したものと思われる。私が担当した『可児市史』通史編一〇二頁には、禅昌寺（岐阜県下呂市）にある「明叔慶浚等諸僧法語雑録」から棒頭の標題と偈のみを収めたので、それだけと思う方も多いだろうから、ここで改めて全文を収録することにする。

△前右典厩梅屋宗春大禅定門秉炬之語

久々利殿叔父

拈起火把子云、触着春風一剣鋒、梅花血滴濺虚空、当機活尽死諸葛、喝下雷霆起臥竜、夫以、某、有仁有義、以倹以皇、家藩籬名銜一門桃李、武閥梁棟、形女千歳、枯松人皆服徳、誰犯其封、為弟難為兄、急雪鶺鴒鷲風、鴻雁有其父有其子、渥洼騏驎、丹穴鳳凰、臨危致命、輪剣直衝、万機寝息之時、千峰之勢、本自止壑、一念発起之処、百川之水無不胡、有時、着忍辱鎧、折伏魔軍兵衛、有時、拈般若剣、裁断煩悩羅篭、正与麼時、機前解脱修倫窠屈、説甚三賢十聖、脚頭踢飜、生死苦海、直得八横七縦、真索々、風颾々、烟曝々、水溶々、咄、這ヶ是、某大禅師定門、生前使得二六時底関棙子、即今蹈着泥丸活路、現奮迅三昧那一句、山僧如何有遺蹤擲下火把子云、刧火洞然豪末尽、青山依旧白雲峰、明叔

これを要約すると、「△前の右馬寮職（右馬助か）の梅屋宗春大禅定門の火葬のときの法語である。久々利殿（久々利五郎または三河守）の叔父。火がついたたいまつを振って、春風に剣を振えば、虚空に血が飛び梅花も染まる。軍師諸葛孔明すら死ぬだろう。にわかに雷鳴が起き竜すら舞い上がる。居士は仁義を有するすぐれた武門の人だ。危機にあたって命をかけて剣で立ち向かったこともあるが、ここに死去した。」というような意味であろうか。

この法語が作られたのは、天文十年（一五四一）前後のことと思われる。その頃は、久々利氏は土岐頼芸（よりのり）や斎藤道三（さいとうどうさん）に服従せず、反対勢力の大桑（おおが）城主土岐頼充（よりみつ）側に味方していたらしい。そのため、道

三配下の金山（かねやま）城主斎藤大納言妙春（みょうしゅん）（正義（まさよし））が久々利氏に猛攻をかけ、この頃羽崎口や中村口で合戦が起こった（金沢市立図書館蔵「今枝古文書写」）。久々利氏の当主土岐五郎が討ち死にしたのもこの頃のことと思われる。

この史料は「明叔慶浚等諸僧法語雑録」に見えるもので、次のように書かれている（『可児市史』史料編にも収録）。

関翁玄公大（禅定）門下（火）　久々利五郎
殿戦死、
難弟難兄亡是公、三玄戈甲奮威雄、風刀削出芙蓉肉、血濺梵天先染楓、

時に御嵩の愚渓寺住山中であったか、明叔が土岐五郎の葬儀で導師をつとめたのであった。この下火によれば、武勇の人であった五郎がついに討ち死にしたという。系図で示すと次のとおりである。

系図③

土岐五郎（関翁玄公）――三河守（雲渓龍公　天正九没）――○――亀松（十五歳　天正十討死）
　└右馬助（梅屋宗春）

久々利氏は、永禄八年（一五六五）に中濃地域一帯が織田信長の支配下となったときに帰順し、金

山城主森氏の与力となった。ついで天正十年（一五八二）に本能寺の変が起きたとき、久々利氏は森氏から離反したものの、まもなく森氏の追討をうけて滅亡した。そのため菩提寺・居城ともに徹底的に破却されつくしたらしく、ほとんど久々利氏の実態を検証することができる文書や位牌・墓碑などが残されていない。わずかに残る語録の記述や他の断片史料に頼らざるを得ないのが実情で、核心に迫る史料の発見が待たれるところである。

V　土岐市妻木町崇禅寺調査行記録

本稿は、昭和五十一年（一九七六）に土岐明智氏研究と蜂屋（はちや）荘地頭の佐分（さぶり）氏研究の一環として調査を行った際の記録で、当時のメモに加筆・訂正をして発表する次第である。

＊

十一月二十三日、夜からの雨のために、当会員（美濃文化財研究会：編集部）の平田録郎氏と出発を見合わせたが、降り止む見通しとなったので、晋治（長男）を同乗させて出発した。十時半ごろ妻木町須後の水野欽司（当時会員）氏宅へ着いた。お茶をいただいたのち、崇禅寺（そうぜんじ）（岐阜県土岐市）の旧寺地「山寺」へ出発した。

山寺部落の上手、林道を少し登り、小さな橋の所に車を停め、その南側の山を三〇mほど徒歩で登った所が寺跡であった。寺跡は上下二段に分かれた平地にあり、石垣の遺構が見える。尾根の少し北側で、西向のゆるい斜面にある。そこから西へ降る参道跡がのこる。石垣跡から一〇mほど参道跡を下りた所の南側に平地があり、そこに目指す石塔群があった。かつてここを掘った地元の方は骨壺を掘り当てたというが、まだ数ヶ所は中世墓らしき盛土がのこる。当初はその上に造立されていた石塔は、すべて一ヶ所に寄せ集めてある。それらを総合すると、宝篋印塔三基分、五輪塔三基分があり、内訳は次のとおりである。

　宝篋印塔（基礎）（塔身）（笠）（相輪）

南北朝中期　一　一　一　一

室町末期　一　一

桃山期　一　一　一　一

　五輪塔（地）（水）（火）（風）（空）

南北朝末　一　一　一　一　一

室町初期

室町期　二基分（地輪欠く）

　以上からわかるように、南北朝中期、少くとも同後期と推定される宝篋印塔一基がほとんど完全な姿で遺存する（笠の隅飾りと、相輪の宝珠を欠く）。これは無銘ではあるが、この頃崇禅寺も創建され、その開基（檀越）のために造立された可能性が高い。開基とはすなわち土岐明智氏初代頼重（よりしげ）にあたるのであろう。

　帰途に山寺集落の中の共同墓地へ寄ったが、ここにも南北朝末〜室町初期の宝篋印塔基礎一、室町時代の上二段式花崗岩製の同基礎三（西三河式）、砂岩製の同笠三、五輪塔の地輪一などがみられる。この共同墓地は比較的新しく、これらの塔も江戸後期を上限とする某家石塔群中にあるのをみると、同家祖先のものと言うよりは、江戸後期以降に寄せ集めたことが推定される。平田・水野・私の三名の一致した見解は、山寺から動いたものだろうということに落ちついた。現在の崇禅寺にも室町末期の宝篋印塔（在銘）が一基ある。

したがってこれらを総合すると、旧崇禅寺には南北朝中期から桃山期まで一連の宝篋印塔が少なくとも八基在ったことになるだろう。

ところで、崇禅寺が山寺の地から城山対岸の現地へ移ったのはいつであろうか。現在の崇禅寺にはそれを明確にする記録は無いといわれるが、おそらく元亀・天正年中に、妻木（つまき）氏が城山に築城するとともに、寺を同地へ移して拡充整備したのではなかろうか。

＊

水野宅で昼食をいただいた後、佐分（こちらでは佐分利と書く）氏調査のため荘厳寺（土岐市鶴里町柿野）へ向かった。同寺は曹洞宗で、十王堂は三百年以上を経た寛永年間の建立といい、萱葺で充分に市指定の価値ありと感じられる。本堂へ入り、本尊は百八十年前の火災後に造られたものであるが、左手の聖観音立像は平安末の様式がみられるという平田氏の説明を聞いた。佐分利氏の先祖を過去帳で追うが、同帳は享保二十年（一七三五）以後のものばかりで、落胆した。本堂裏の墓地に応永頃の中型宝篋印塔の基礎一・笠一がある。

ついで向かった坂下地区の古老から聞いたところでは、もと近くの洞に「ゲンショウ寺」という寺があって、廃寺となった、それを引き移したのが荘厳寺だという。そうすると、先の聖観音はその廃寺に在った可能性は高い。佐分利氏は同地区に十八戸あり、佐分利神（がみ）という所があるという。行ってみると、「若宮八幡宮」と彫った文化十四年（一八一七）の小さな石塔婆があって、他に五基ほどの石碑がある。また、同地区共同墓地に行ってみたが、天明・享和のものが古い程度で、確実な古いものは無く、佐分氏探求についてはどうやら空振りということになって、帰途についた。

Ⅵ　土岐明智氏と妻木氏の系譜補正（上）

土岐明智氏の系図上の混乱

土岐明智氏の本拠地である土岐郡妻木郷の範囲について、三宅唯美氏は「室町幕府奉公衆土岐明智氏の基礎的整理」（三宅一九八八）のなかで、現在の土岐市妻木町・下石町・駄知町・曽木町・鶴里町、多治見市笠原町とほぼ一致する地域と見ている。土岐明智氏は、当初は苗字の地たる明智荘（石清水八幡社の荘園、現在の可児市瀬田・柿田・石井・石森・平貝戸、御嵩町顔戸付近）を本拠地としたらしいが、史料での裏付けはできない。

土岐頼基の子彦九郎頼重は、祖父頼貞からその死去直前（暦応二年〈一三三九〉二月二十二日没で、その五日前の譲状による）に、美濃国妻木郷と多芸島（たきしま）・榛木（はるき）地頭職を譲られており、その後、浄皎（じょうこう）（土岐下野守入道）が文和四年（一三五五）に頼重から譲与された所領は「妻木郷内の笠原半分・曽木村・細野村、同国多芸庄内春木郷、武蔵国大井郷不入読村」の地頭職であった。いずれも明智荘の権益を含んでいない。にもかかわらず、「土岐文書」（『岐阜県史』収録）には、観応二年（一三五一）正月三十日に、足利尊氏から「あけちひこ九郎」と頼重が呼ばれている書状があって、南北朝時代のごく早い時期から頼重が明智荘に関っていたことも明白である。あるいは今日史料は伝来しないものの、頼重系の本宗家が所領（地頭職）を相伝していた可能性は否定できない。その場合、妻木郷方面を所領とした一族は傍系と見なければならない。しかし、頼重の菩提寺・崇禅寺（そうぜんじ）が明智荘に無く妻木に在ることは、頼重が妻木郷をかなり重視していた表れであることも確かである。

さて、下野守入道浄皎が、文和四年（一三五五）に民部少輔頼重から所領を譲られたことは前述したが、その中には妻木の本郷（妻木村）と多芸島が含まれていない。何と言っても妻木村は妻木郷の中でも扇の要の位置にあり、郷の中心であったと考えられる。妻木村には頼重の菩提寺である光雲山崇禅寺が建立されていることからも証明できる（同寺の寺史では、頼重の法号を崇禅寺殿万春浄栄大禅定門、文和四年九月十日没とする）。

それで、もし仮に頼重に嗣子が無く、弟の浄皎に全権益を譲ったのであれば、当然妻木村も浄皎の所領とならなくてはならない。したがって、浄皎が頼重から本郷を除くかなり多くの所領（妻木郷の三分の一ほど）を譲られたのは、別の何か特殊な事情があったものと解される。つまり、頼重には実子がありながらも、頼重がかなり若くして罹病したために（頼貞が一二七〇年出生、頼基が一三〇〇年出生、頼重一三二〇年出生と見ると三十五歳）、その後見役手当てとして弟の浄皎に手厚い処置をして世を去ったのではないかと思う（頼重の没年月日は崇禅寺史で文和四年九月十日とするが、譲状は文和四年十一月六日付で矛盾があり、少なくとも譲与後に死去したのだろう）。

浄皎が頼重の弟にあたると推定する根拠は、『尊卑分脈』収載系図に彦九郎頼重の弟彦十郎頼澄（よりずみ）を載せることと、『友山録』（『五山文学新集』）に「空巌印公山主三十三周忌拈香」があり、「大日本国東海(山)道濃州明地(智)先野州刺吏奉仏弟子浄皎」が京都臨川寺三会院において、友山士偲を導師に招いて先考（亡父）の法要を行っていること（欠年月日）にある。亡父の法要を浄皎が行ったので、一見すると浄皎が土岐明智家の家督を継いでいるように見えるが、浄皎が頼重の幼子の後見人であれば理解できるのではないか。浄皎が彦十郎頼澄と同一人物と考えるのは、応永六年（一三九九）に「土岐下野入道跡」を相続した土岐明智十郎頼篤の名が「土岐文書」に見えており、頼篤の十郎襲名は、浄絞がはじめ彦十郎と称していたことに起因すると思われるからである。

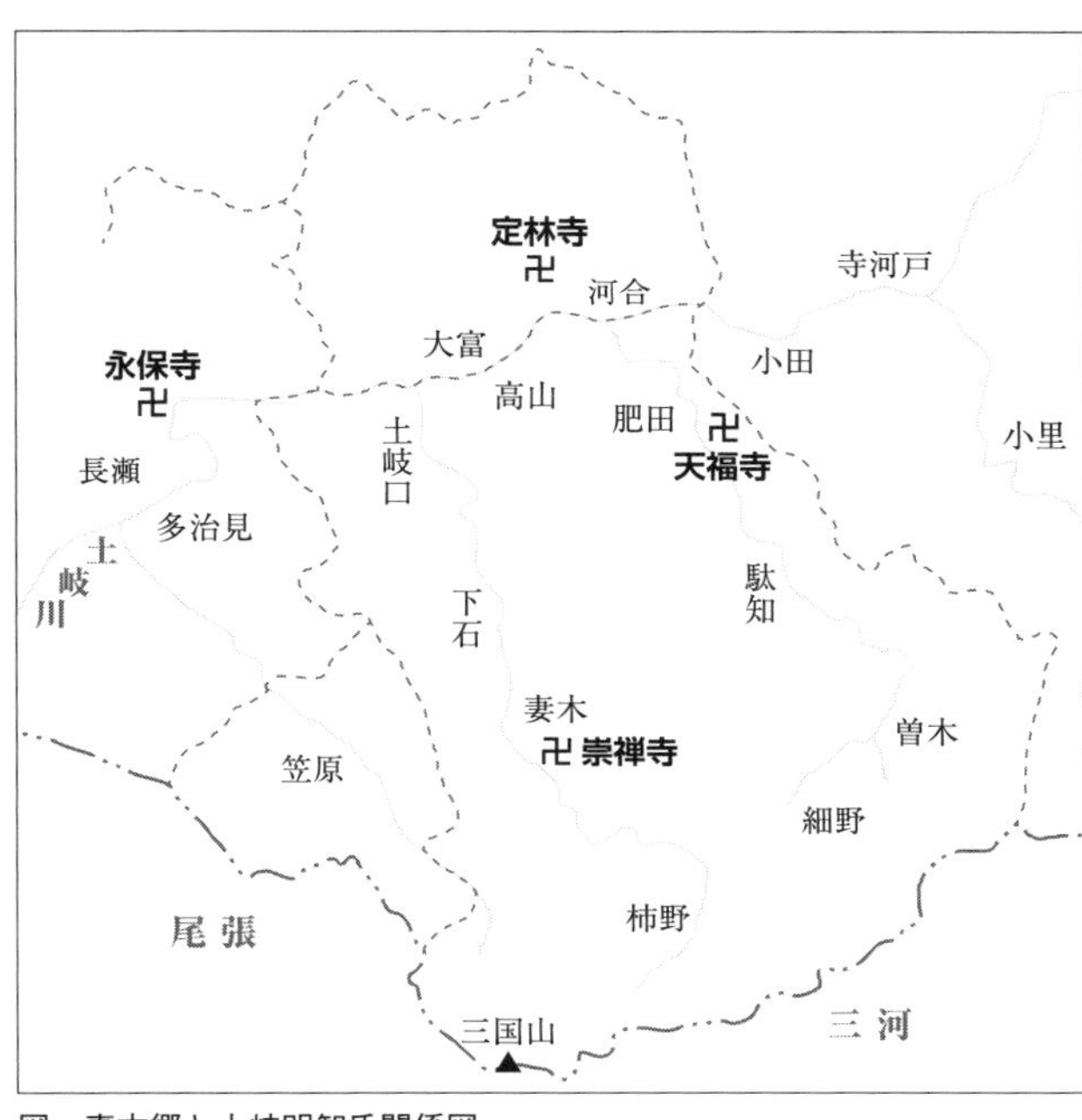

図　妻木郷と土岐明智氏関係図

　さらには、崇禅寺に応安二年（一三六九）中秋の此山妙在の偈が存在する（『土岐市史』)。これによれば、崇禅寺住持の果山正位(かざんしょうい)と英檀(檀越)の月潭大居士(崇禅寺史では、明徳四年〈一三九三〉十二月七日没の正持院殿月潭浄皎大禅定門)のために此山が慶祝の偈を作ったことがわかる。これも兄頼重の菩提寺を庇護する浄皎の一端を知る史料と考える。

一方の頼重跡については、相続者が具体的に誰であったかを詳らかにできない。そこで問題となるのは、文亀二年(一五〇二)四月十三日付の土岐明智上総介頼尚所領譲状(「土岐文書」)である。文中で頼尚は「鹿苑院殿様(足利義満)御判、勝定院殿様(足利義持)御判(頼尚童名長寿丸の時安堵の御判也)、彼是肝要の御判物十六通」を譲状に添えるとしており、特に頼尚自身がいまだ元服せず(十三、四歳にも達せず)長寿丸と呼んでいたときに足利義持(あしかがよしもち)から安堵を受けた判物があるとする点である。たしかにこの原本が「土岐文書」中に現存するので次に掲げる(『岐阜県史』史料編)。

(足利義持)
(花押)

美濃国妻木郷・武気庄内野所郷等事、任当知行旨、土岐明智長寿丸領掌不可有相違之状如件、

応永卅四年六月廿五日

これによると、その直前に父が死去したらしく、幼子長寿丸が相続したことがわかる。仮に長寿丸が七歳とすれば、文亀二年(一五〇二)まで七十四年を経過し、満八十一歳にもなるから、常識的には事実でないと見る人もある。三宅唯美氏も先掲論考の中で、

しかしそれでは、文亀二年(一五〇二)には頼尚は八〇歳前後と当時としては極端な高齢となっ

てしまい、また奉公衆として惣領職を安堵されているはずの兵庫頭や玄宣などが庶流になってしまう。文安四年（一四四七）から明応四年（一四九五）までの約五〇年の間「土岐文書」が空白となっており、頼尚の事跡を示す文書がないのも不自然である。おそらく、この割注は頼尚が本宗家から奪った地位の正当性を主張するために加えた虚構であり、『土岐文書』の空白もこの譲状に矛盾しない文書のみを伝えた結果ではなかろうか。

とされている（三宅一九八八）。

しかしながら、当時でも今でも病気に罹らなければ人の寿命はあまり変わらず、当時八十歳、九十歳まで生きた人はいくらもある。頼尚が八十歳以上の長生きをしたものならば、この論は成り立たない。つまり上総介頼尚が惣領職を持ち、頼尚の嫡子兵部少輔頼典（頼定）と玄宣が争い、明応四年（一四九五）に幕府の調停で和解・折半したことになるが、五年前の延徳二年（一四九〇）に玄宣が上総介父子を幕府に訴えたものの、むしろ玄宣側に非があって長期の裁判となり、結局二分の一以上の権益を取得することができなかったというのが実情ではなかろうか。幕府も奉公衆として近仕する玄宣に味方したいところではあるが、頼尚が指し出した証拠の御教書などがある以上、片寄った調停はできなかったのだろう。

このように、文亀二年の譲状を虚構とせず真実性が高いと見たほうが、土岐明智氏の実態解明には有益と考えるのである。

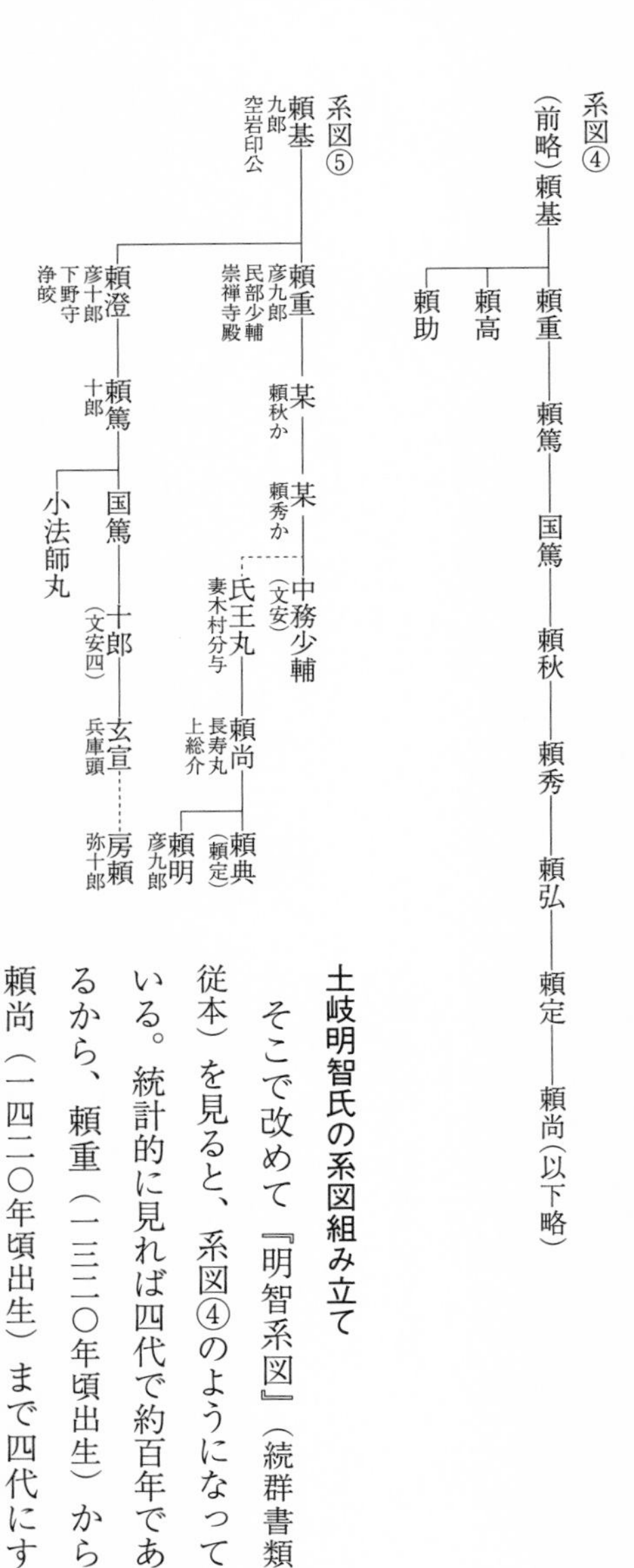

土岐明智氏の系図組み立て

そこで改めて『明智系図』（続群書類従本）を見ると、系図④のようになっている。統計的に見れば四代で約百年であるから、頼重（一三二〇年頃出生）から頼尚（一四二〇年頃出生）まで四代にすぎないのに七代もあるのは不自然である。これは惣領家（頼重系・彦九郎系）と分家（浄皎系・十郎系）を、天皇家のように万世一系式に合わせてしまった結果ではなかろうか。このことを念頭に系図を再構成したのが次の試案である（系図⑤）。

このように土岐明智家は二系統になっていて、頼重以来彦九郎を襲名し、頼明まで百五十年ほど続いた惣領家が妻木本郷を拠点としていたと想定したほうが良さそうである。

永正五年（一五〇八）から永正十八年（一五二一）頃にかけての土岐明智彦九郎に関する文書四通が「土

岐文書」に見える。これによれば、彦九郎（頼明）はこの頃妻木へ下向していたらしく、「早々参洛」するよう催促されたりしているので、この彦九郎系も元来は奉公衆として在京性が強かったものと推定される。頼尚らは、まだ在京中の明応四年（一四九五）に幕府の調停を受け入れたものの、これを不服とする兵部少輔頼定（頼典。頼尚の嫡子で頼明の兄）を頼尚は義絶した。ところがその後も考えを改めず、ついに文亀二年（一五〇二）三月五日に至って弥十郎房頼を殺害した。弥十郎という名から見れば、この人は浄皎系（彦十郎系）であろうし、おそらく玄宣の子か孫にあたるのであろう。この事件による責任を取って、頼尚と彦九郎頼明が奉公衆を辞して妻木へ下向して来た可能性は高い。一方、相続者を失った玄宣の家は結局断絶し、その所有文書と所領は頼明に与えられるに至ったのではなかろうか。もし二家が別々に京都と妻木で存続し、斎藤道三の時代を迎えたものならば、両家の文書が一括して後世に伝えられることはあり得なかっただろう。

永正末年頃に幕府の呼びかけで上洛した頼明は、その後戦乱の場となった美濃へ帰ることができず、また奉公衆の職も有名無実となって、京都で失職・放浪することになったと思う。子孫が徳川家康に仕えて立身するまでは、実に多難な時代を過ごすことになったといえよう。

彦九郎家の興亡

こうして、彦九郎系が頼重の直系として存続していたことを述べたが、前述の史料のほか「文安年中御番帳」に幕府奉公衆として土岐明智中務少輔の名が見える。浄皎系が兵庫助または兵庫頭に任官する例が多く、頼尚は上総介であることに較べると、中務少輔の属する中務省は太政官の直下に当たる省であって、中務少輔は従五位上に相当する。兵庫頭も同様であるが、格式は数段上位であり、頼重が民部少輔（従五位下）に任官した例にならってのことと見られるから、この人こそ土岐明智氏の本宗家の人物と推定される。延徳二年（一四九〇）までにこの家が断絶し、その分家の頼尚がこれを継承したことについて、浄皎系が異論を唱えて訴訟に及んだという筋書は十分に考えられる。さらなる新史料の出現によって、同氏をめぐる研究が大いに進むことを期待したい。

Ⅶ　土岐明智氏と妻木氏の系譜補正（下）

土岐明智氏の終焉

前稿では、沼田土岐家に伝来した「土岐文書」等を分析し、彦九郎系が土岐明智氏の直系であり、その断絶によって、その分家の頼尚系が本宗家を継承したことにより、浄皎系（十郎系）の玄宣らと係争事件になったとの推定をした。頼尚系は、頼尚の子（二男）頼明の代の永正十八年（一五二一）頃を境にその名が見えなくなる。頼明は一時期妻木へ下向していたものの、在京性が強かったこともあり、上洛したまま失職・放浪することになったらしい。

前稿で書き洩らしたが、もし仮に文安元年（一四四四）時点で妻木を支配している者が浄皎系であるならば、妻木八幡神社の文安元年五月一日の棟札に見える「大檀那源頼俊」なる人は十郎（文安四年、足利将軍御教書）にあたる。頼尚系であれば長寿丸（応永三十四年〈一四二七〉、足利義持袖判御教書。のちの頼尚）を指すことになるが、おそらくそのいずれでもなく、本宗家の中務少輔（「文安年中御番帳」）その人なのであろう。

降って永正二年（一五〇五）十一月二十三日の妻木八幡神社棟札にみえる「大檀那源彦九郎」は、前述の経過によって、分家でありながら本宗家を継承した彦九郎頼明にあたることになる。

妻木藤右衛門家の出現

永正二年（一五〇五）の妻木八幡神社棟札には、彦九郎のほか御代官として「籠橋尚通」が登場する。尚通は、彦九郎頼明の父の頼尚から「尚」の一字（偏諱）を拝領しており、頼尚系の被官として在地支配に当たっていたことがうかがわれる。

次に、天文十年（一五四一）八月十三日の妻木八幡神社棟札に「大檀那源広美、願主源頼安」と共に、代官籠橋雅楽助藤原弘定の名がみえる。その次の永禄二年（一五五九）五月二十八日の妻木八幡神社棟札では「大檀那藤右衛門尉源広忠」とある。大檀那が広美から広忠に替わっているものの、いずれも「広」を系字として使用しており、永正年間まで続いた土岐明智氏が「頼」を系字として使う流れなので、かなり異質の家である可能性が強い。

永禄二年棟札の藤右衛門広忠は、その後明智光秀に仕え、天正七年（一五七九）二月十五日に、定光寺（愛知県瀬戸市）へ祠堂米十二俵を施入した明智藤右衛門入道（法名一友宗心居士）その人にあたるだろう。参考のため、定光寺祠堂帳から妻木氏関係分を抄出する。

辰秋ヨリ（天文十三甲辰）

一、拾弐俵　濃州妻木籠橋雅楽助 取次連儕　東陽常春禅門

一、拾弐俵　妻木ヨリ 宿雲取次　妙清禅尼

一、拾弐俵　妻木善左衛門殿子息 元亀弐辛未　実叟常真禅定門

一、拾弐俵　明智藤右衛門入道殿 天正七己卯二月十五日　現存　一友宗心居士
一、拾弐俵　同内方 天正七　二月十八日　同　繁室永昌禅女

次に、天文十年棟札の大檀那広美を、藤右衛門広忠の実父と見たらどうであろうか。妻木八幡神社蔵の寛文年間（一六六一～七三）の「日供帳」には、天正十年（一五八二）八月四日没の悦渓瑞禅が見え、「妻木宗心公御文」とある。宗心公とは、「定光寺祠堂帳」で明智藤右衛門入道（永禄二年棟札の藤右衛門広忠にあたる）と判明するので、広忠の父は悦渓瑞禅ということになる。この悦渓瑞禅は、『崇禅寺史』収録の妻木城主位牌一覧中にある、

九、聴泉院殿悦渓瑞禅大禅定門　元亀元年八月三日没
兵部大輔頼安

にあたることになる。すると悦渓瑞禅＝頼安となり、天文十年棟札の「願主源頼安」と同一人物になる。ところが頼安は「日供帳」によれば天正十年八月四日没とあり、十二年間もの食い違いが生じている。したがって、悦渓瑞禅＝頼安は決定打に欠けると見たい。

天文十年棟札の広美については、崇禅寺位牌に、

八、慈徳院殿長松徳増居士　天文十一年五月四日
佐渡守広美

とあるという。崇禅寺位牌の流れから見れば、広美―頼安―広忠という三代の系譜が組み立てられる

系図⑥

妻木佐渡守（明宮宗明居士　天文二年八月二日没）――妻木宗心父（悦渓瑞禅　天正十年八月四日没）――広忠（妻木藤右衛門　一友宗心　天正十年自害）――娘（明智光秀妻）

のであるが、重ねて言えば妻木氏初期の家系の中で、「頼安」という実名は異質の感が強い。また、広美の法名「長松徳増」については、近世的法諱の臭いが強く、むしろ「日供帳」に見える、

　天文二年八月二日、明宮宗明居士、妻木佐渡守という人物のほうが史料的に確実かと考えられる。要するに『崇禅寺史』にある位牌銘については、江戸時代に入って整備された感が強く、それは妻木氏系図を対比しつつ製作されたと見たほうが良いのではないか。

　そうすると、天文二年没の佐渡守は、天文十年棟札の広美ではあり得ず、その先代にあたる。つまり、系図⑥のようになるのではないか。したがって、藤右衛門家は、万世一系的に土岐明智氏に結びつけることは無理であり、新興の家であった可能性がたかい。なお、広忠が「定光寺祠堂帳」で明智姓を付されているという点については、同じく光秀に従った三宅弥平次が明智姓を与えられたのと同様、光秀から下賜されたものと思われる。

妻木籠橋家の動向

前述の永正二年（一五〇五）棟札には、彦九郎（土岐明智氏）のほかに妻木御代官として「籠橋尚通」

が見える。その三十六年後の天文十年（一五四一）棟札では、代官は籠橋雅楽助藤原弘定に替わっている。この人物は、天文十三年に夫妻で各十二俵の米を定光寺へ寄せた「濃州妻木籠橋雅楽助」である。

前述の考察では、別に妻木には妻木藤右衛門広忠の家があるので、天文十年代には同時併立的に籠橋雅楽助の家が存続していたことになる。しかも土岐明智氏時代と同様に、領主が妻木広忠に替わっても、そのまま引き続いて代官をつとめていることから見れば、土岐明智彦九郎から妻木広忠家への政権交替は、妻木の地で武力抗争によってなされたものではないことを示していると言える。

籠橋尚通は、京都で彦九郎家が没落していっても、下克上的手段で妻木城主に成り上がることなく、天文期に登場する広美にも手腕を認められて、弘定（尚通の子か）が代官に登用されたということになるのではないか。

そうであれば、広美・広忠らは、時の権力者斎藤道三および斎藤義龍（よしたつ）に与力した功賞として妻木城主の地位を得たと考えるのが妥当ではなかろうか。可児郡の金山城主斎藤大納言が道三に取り立てられて城主となったのが天文六年と言われるので、広美もその頃（天文六～八年）であろうか。

妻木伝兵衛家の興隆

天正十年（一五八二）六月の本能寺の変による明智光秀の滅亡によって、広忠の勢力も妻木から消滅した。

このときを期して、妻木伝兵衛なる者が、無城主となった妻木城へ入って周囲を支配することになった。『寛永諸家系図伝』では、伝兵衛が貞徳という実名で藤右衛門の子としている。しかし、実父である藤右衛門の実名を知らなかったばかりか（法名宗真、六十九歳とのみ記す）、伝兵衛自身や子息の実名に「広」という系字を使っていない。いわばこれは、藤右衛門系でもなければ籠橋系でもないことを告白しているような系図なのである。ともかく近世の妻木氏は、『寛永諸家系図伝』で見る限り、大あわてで系図を作って幕府へ提出したらしい。それを次に抄出する（系図⑦）。

系図⑦伝兵衛家系図

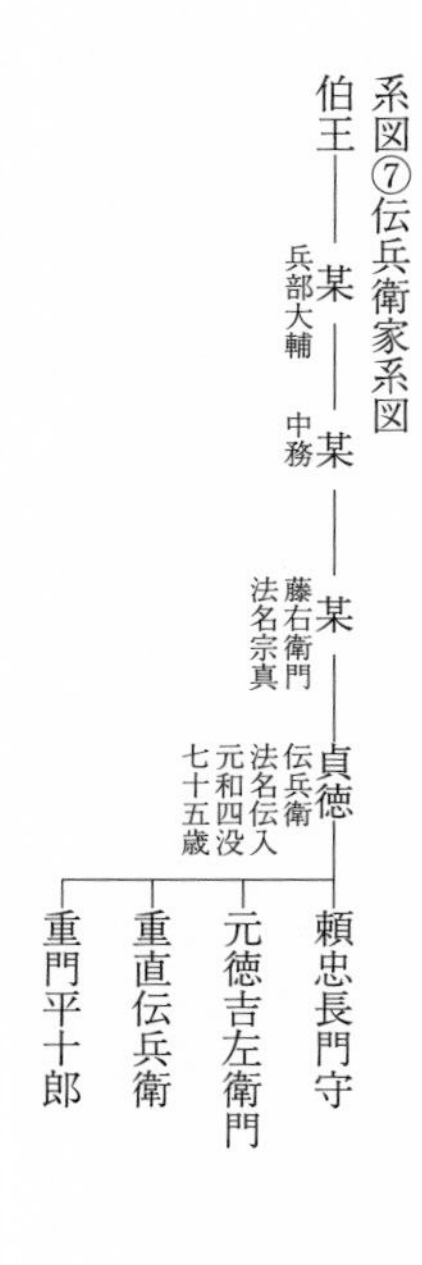

ところで、大正十一年の『妻木村史』の妻木系図では、

弘定（妻木彦九郎）―広俊（中務大夫）―広美（佐渡守）―頼安（兵部大夫）―広忠（藤右衛門尉）―頼忠（伝兵衛）

となっている。広忠以前はいずれも天文十年と永禄二年の棟札に見える人物で、これを列記したにすぎず、とても信じることはできない。

『寛永諸家系図伝』によると、伝兵衛貞徳は天正十年の本能寺の変のとき、三十九歳であった。当時、信州川中島城主の森長可（もりながよし）は、すぐさま可児郡の金山城に帰り周辺各城の攻略に乗り出した。妻木城主と称する伝兵衛・雅楽助頼忠父子も攻められて長可に降ったという。伝兵衛はその後確実な史料に見えず、天正・慶長期の動向はわからない。その子頼忠については天正十八・十九年の知行宛行状がのこり（「日東家文書」）、森氏の重臣として、恵那郡櫛原村方面で知行を得ていたことが知られる。

これより前の天正十二年、小牧・長久手合戦では、伝兵衛父子が徳川家康に味方して内津峠（国境）に出兵して森氏と戦ったというが（『崇禅寺史』）、この時点で森氏から独立していたとは考えにくい。伝兵衛家が独立したのは、慶長五年（一六〇〇）二月一日に、森氏が川中島城（長野市）へ移封となった後であろう。関ヶ原合戦で家康に味方し、岩村城（いわむら）（岐阜県恵那市）の田丸具忠（たまるともただ）を攻めた功績によって、妻木七五〇〇石の旗本となったのである。

おわりに

以上のように、近世の旗本妻木氏は、中世の土岐明智氏以来の系譜を持った名族とされてきたが、詳細に検討すると、時代の節目に断絶をくり返していて、一本の系譜にまとめることができないことを述べた。ただこれは、現在史料の分析によるのみなので、将来さらにまた訂正すべき点も出てくるであろう。いずれにしても、それぞれの時代に各氏が妻木八幡神社や崇禅寺に対して敬虔な態度で接してきたことは、遺存史料から十分うかがうことができる。各氏がこれらの寺社を庇護し、崇教して今日に至ったのであるから、仮に本説が正しいとしても、各氏の存在価値などがいささかも低下するものではない。ただその権力継承の事実を把握し、それに立脚した地方史を再構築することは、さらなる新事実を呼び、ひいては地域の町おこしにも役立つことになると思う。大方の御批評を請うところである。

Ⅷ　土岐氏の守護館の移動――特に革手・鶉沼府城について

はじめに

土岐氏の守護館については、従来は土岐頼康が観応の頃（一三五二）に長森城（岐阜市）から革手城（岐阜市）へ移したとする説が主流を占めてきた。[1] これは、大正十二年（一九二三）刊行の『濃飛両国通史』で、阿部栄之助氏がそのような記述をされて同説が定着したもので、昭和四十四年（一九六九）刊行の『岐阜県史』にも踏襲されている。[2]

しかし、昭和五十五年三月刊行の『岐阜市史』になって、勝俣鎮夫氏が「従来説はその可能性はあるものの、革手城への移転は十五世紀にさがる」かもしれないと指摘された。[3] ちょうど時を同じくして、同年同月刊の『岐阜史学』第七一号に、私は「土岐氏の守護館をめぐって」という論考を書き、革手築城は文安二年（一四四五）以降、文明五年（一四七三）以前であろうと述べた。奇しくも勝俣説と私の説が、同時に似かよった説を打ち出したことになった。

さらに私は、平成四年（一九九二）刊行の『美濃の土岐・斎藤氏』（その後、戎光祥出版から令和五年に『斎藤妙椿・妙純』として刊行：編集部）において、文安二年からしばらくの間は、斎藤氏と敵対する富島氏の攻撃を避けて、土岐持益の守護所（府城）は鵜沼（岐阜県各務原市）に置かれたのではないか。つまり鵜沼府城の跡が承国寺になったのではないかという考え方を打ち出しておいた。[4]

その後、特にこの説を補強するような史料が出てきたわけではないが、平成九年刊行の『美濃・土岐一族』の中で谷口研語氏は、「頼康が革手を守護所としたという通説は現在のところ否定される必要はないとかんがえる」との見解を出しておられるので、ここで再び私の説を整理して、大方の御批評を仰ぐことにした次第である。

一、土岐西池田家時代の守護所について

従来説に従えば、革手に府城が在ったのは観応年間から土岐氏滅亡近くまでの約二〇〇年間に及ぶとされていたが、私の前稿では最大限、文安二年（一四四五）から永正六年（一五〇九）までの六十五年間ほどに圧縮されることになる。さらに鵜沼府城時代が加われば、守護職が代替りするごとの移転というような感じすら生まれてくる。しかし、実際には、代替りごとに移転したわけでなくて、何らかの必要性があって、在任途中でも府城の移転が行われたのである。

したがって、守護が頼康系から西池田家（土岐頼忠＝頼世）に代わってからは、現在の池田町内に府城が置かれ、頼忠・頼益・持益という三代にわたって使われていたものと思う。ただし、守護や守

護代はほとんど在京していたので、府城といっても守護館とそれをとり巻く若干の被官の屋敷が散在するのみで、壮大な城下町が形成されていたわけではないだろう。

土岐頼忠は、明徳元年（一三九〇）から応永二年（一三九五）まで守護職をつとめ、応永四年八月十一日に病没した。葬所は池田町の禅蔵寺で、同寺に「正庵禅定門、丁巳八月十一日」在銘の宝篋印塔がある。跡を嗣いだのは頼益で、応永二年から応永二十一年（一四一四）まで在職し、同年四月四日に六十四歳で亡くなった[5]。頼益は法名を興善院殿寿岳常保禅定門といい、生前に夢窓派の鈍仲全鋭を美濃に招いて興善院を創建した。つづいて京都の建仁寺内にも、頼益は興善院を開創している[6]。この美濃の興善院の所在は不明であるが、現在頼益の宝篋印塔が禅蔵寺墓地にあることから見れば、興善院は禅蔵寺に隣接するほどの近距離に建てられていたのは間違いないだろう。

なお、禅蔵寺には、

智山性恵大師　貞治丁未六年十月十五日（一三六七）
霊渓妙公大師　応安二紀己酉二月十八日（一三六九）
正永大師　応永十九　九月［　　］（一四一二）
敬庵尊公大姉　永享五年十月十五（一四三三）

という宝篋印塔四基もある。大師は大姉と同意である。いずれも土岐氏ゆかりの女性のものと考えられる[7]。特に貞治六年（一三六七）の智山性恵大師は、土岐頼清の妻であることがわかっている[8]。頼清の妻は、少なくとも晩年は実子の頼康に養われず、同じく実子で分家の頼忠のもとに居たことが推定される。であれば、頼忠は、はじめ亡母智山性恵大師のために貞治六年頃一寺を建立し、ついでこれを自身の菩提寺へと発展させた可能性もある。また残る三名の女性の中には、頼忠妻・頼益妻も含まれている可能性は高い。

このように、菩提寺から見る限り、西池田家（頼忠・頼益）の拠点は池田町内に在ったと考えられ、あえて何のゆかりもない革手に府城を移す必要性はなかったものと考えられる。

二、推定鵜沼府城について

西池田家三代目の持益の代になると、持益に守護代富島氏以下の被官たちを律する実力が不足していたらしく、しだいに斎藤氏の台頭を許し、ついには富島氏をしのぐようになってきた。そしてついに文安元年（一四四四）の斎藤宗円による守護代富島氏殺害事件にまで発展する。富島氏一族は、その仇を討つべく蜂起し、近江の六角氏の援助を得て美濃への再入国を企画した。こうなると関ヶ原から程近い池田郡は安住の地ではなくなってきた。文安元年八月六日と十日の合戦では、斎藤館に富島勢が押し寄せ、危険な状勢になった[9]。

このときの美濃における斎藤館の位置は不明確であるが、池田町内の土岐持益の守護館近くであったとみられる。こうなると斎藤宗円は、自身の館と守護館とを長良川以東に疎開させる必要が生じたわけである。

斎藤宗円の次代（子）の利永は、文安二年（一四四五）八月に加納城（岐阜市）を築いたと伝えられる。[10]これを立証する確実な史料は見当たらないが、宝徳二年（一四五〇）九月一日になって、京都の路上で富島氏に暗殺された宗円の墓が加納城の西の盛徳寺に存在することから、[11]宗円らが加納に拠点を有していたことは裏付けられるだろう。

この宝徳二年は、加納城が築かれたとされる文安二年からわずかに五年後のことである。とすると、当然守護館もこの近くになくてはならないという考えから、同時に革手府城が築かれたと推定することも可能である。

しかし、持益の菩提寺は承国寺で、これが加納から東へ一五キロも離れた現在の各務原市鵜沼古市場町にあることが問題になる。もし持益の館が革手にあるなら、おおむね二キロ以内程度に菩提寺が建てられてよさそうである。たとえば土岐成頼の場合、革手と菩提寺の瑞龍寺間は二キロ以内である。それが一五キロも離れた鵜沼に在ることは特例で、何か別の事情があると見なければならない。むしろ持益の館は、文安元年（一四四四）に現在の池田町から鵜沼へ直接移されたあと、革手に移ったと見る必要があるのではないか。その推定を裏付けるものとして、以下のように考えている。

①承国寺跡については、少なくとも北・東・西に土塁がめぐらされていた。南については今のとこ

ろ確認できない。中世寺院では、このような城郭形式をとることは他に例があまりなく[12]、承国寺跡は中世の城館であったとの見方ができる。

②当時の美濃は尾張と敵対関係になく平穏であった。また、鵜沼は筏・舟運の中継基地として栄えており、当時の木曽川主流は現在の各務原市前渡付近から大きく現河道を北にそれて、現境川筋を流れていた。つまり、鵜沼と加納・革手は木曽川で直接結ばれていて、斎藤宗円・利永が加納という前線に居て、持益が安全な鵜沼に居ても、連絡や輸送は安易であった。

③斎藤利永の墓が鵜沼の大安寺にあること、および宗円の塔院として青白院が寺内に建てられていたことから、両名と大安寺が深い縁で結ばれていたことが判明する[13]。おそらくは、鵜沼の持益の館の近くに宗円・利永の館も建てられていた可能性がある。

④承国寺跡の西二〇〇メートルほどの弘法堂に「明応五閏二月十□日、……」の在銘宝篋印塔があり、コンクリートで埋められていて全銘文の判読はできないが、これは、承国寺塔頭中でも規模の大きい春沢軒主・梅心瑞庸の墓塔と思われるものである[14]。その位置からして、いわゆる承国寺跡から大きく離れた位置に在ったことになる。つまりはじめは府城と同時にその西側に承国寺が創建され、廃城後に承国本寺等が旧城内へ移転したが、春沢軒はそのまま残ったことが考えられる。

このように、土岐持益の館が承国寺の地に在ったとの推定が可能であると考える。その終焉はいつかというと、利永による土岐成頼擁立時が有力だろう。持益は応永二十一年（一四一四）に相続して以来、康正二年（一四五六）までの四十二年間にわたって美濃守護の地位にあった。この間に斎藤氏による富島氏との抗争事件を引き起こし、ついには利永によって隠居させられるという不名誉なことになった。長い在職中に持益が発した文書は、わずか二点が確認されるのみという異例の少なさで、[15]就任当初の幼少期は富島氏が公務を代行し、ついで持益が成人しても斎藤氏が公務を代行し続けていたらしい。結局持益は守護としての本分を発揮することなく政界から引退させられた。その後、文明六年（一四七四）に亡くなるまでの十八年間は、旧館でかつ承国寺内の一角に隠棲したということになる。

三、革手城時代

斎藤利永は守護職に若年の土岐成頼を擁立するとともに、加納城に隣接する革手に府城を築き、ここに成頼を入れたと考えられる。康正二年（一四五六）のことである。しかし、利永はその四年後の長禄四年（一四六〇）五月二十七日に卒去した。『碧山日録』には、「公に代って濃州を守り、民を治めて徳有り、且つ清廉（れん）をもってす」とある。たしかに利永は、美濃を政治的安定期へと導くことに成功したので、民衆には高い評価を得たのである。利永に代わって守護代職を継いだのは、嫡子の利藤であるが、これを補佐するために、利永の弟の妙椿が登場して、加納城へ入った。利藤は加納から墨俣城（岐阜県大垣市）へ移り、美濃の政治の主導権は完全に妙椿が握るようになってゆく。妙椿は守護代利藤より上位となって、成頼を補佐して強腕を振るった。

時は応仁の乱となり、成頼は西軍の山名氏に味方して京都・美濃を往来したが、妙椿の動向は美濃・尾張・飛騨・伊勢・三河から京都の東軍にまで大きな影響を与えた。しかし、一連の戦の中では、応仁元年（一四六七）九月十三日に、妙椿在京中で守備が手薄な革手城を富島氏残党等にねらわれ、長良川の鷺田島で妙椿方が敗退するということもあった。そこで、応仁二年二月から八月までの半年をかけて、革手城の補強工事が施工された(16)。

その後、文明元年（一四六九）になって、妙椿は成頼の菩提寺として、上加納に瑞龍寺を創建したが、これは成頼を革手に置き、自身は加納城にという安定した状況が続いていた証といえる。妙椿はのちに顔戸（ごうど）城（岐阜県御嵩町顔戸）を築いて隠居し、文明十二年に病没した。

妙椿卒去とともに、利藤と妙椿の養子（利藤の弟）の利国（妙純）との争いが起った。冷遇されてきた利藤は、この際妙純を蹴落として、守護代の権力を回復しようとしたのである。妙純は加納から墨俣城の利藤を攻めたので、利藤はついに敗れて近江へ逃れた。翌十三年には和議が成ったものの、妙純の体制はゆるぎないものになったといえる。したがって長享元年（一四八七）には、幕府の調停で利藤は再び守護代職に帰り咲いたものの、有名無実化してしまったことは明らかであった。

ところで、その直後の長享元年九月に、将軍足利義尚が近江の六角氏征伐のため自ら出陣し、近江国栗太郡の鈎の里（滋賀県栗東市）に居陣したので、六角氏と同盟しているとみなされた土岐成頼も、革手を棄てて細目（岐阜県八百津町）に移り、妙純は古井（同美濃加茂市）に退いた。(17)

将軍義尚は、鈎の里に三年在陣して陣没し、六角追討は成功しなかった。義尚に子が無く、美濃の妙純のもとに寄寓していた足利義稙は、父義視とともに上洛して、将軍の座についた。将軍義稙（義材）も延徳三年（一四九一）に六角征伐に乗り出し、近江金剛寺城（滋賀県近江八幡市）に陣を張った。このため六角高頼は再び甲賀へ退却する。土岐成頼にとっては、二男を高頼の養子として同盟関係にあり、再び難解な柁取りを迫られることになった。成頼・妙純は、今まで支援してきた義稙との関係を重視し、六角氏との関係断絶を決意した。そして延徳三年十二月十八日に、妙純・成頼は近江三井寺（大津市）で義稙に謁見した。この段階で成頼は細目館から革手へ正式に居所を戻したものと思われるが、まもなく舟田の乱が起こった。明応三年（一四九四）十二月に起こったこの乱は、石丸利光が成頼の末子元頼を擁立し、妙純および成頼の嫡子政房と対立したものである。翌四年七月に、石丸利光方は敗退し、元頼を奉じて墨俣から近江へ逃れた。このとき利藤の孫の毘沙童も連れており、成頼と守護代利藤とが共に利光に通じていたことが明らかになった。そこで成頼は城田寺（岐阜市）に隠居し、革手府城で政房が守護に就任した。(18)

明応五年（一四九六）、再び美濃へ攻め入った利光以下の軍勢は、城田寺館に籠もったものの、ついに滅亡し館は炎上した。成頼は明応六年四月三日に死去し、利藤も失意のうちに明応七年正月十二日に死去した。成頼は菩提寺の瑞龍寺で妙椿の墓の隣に葬られ、利藤は墨俣の明台寺へ葬られた。[19]

四、土岐政房と承隆寺

守護政房は長らく革手府城に居り、菩提寺として茜部（岐阜市）に承隆寺を建立した。『岐阜市史』によれば、文亀元年（一五〇一）から永正三年（一五〇六）の間に官寺である諸山に指定されたという、[20]土岐氏の被護を厚く受けた寺といえる。承隆寺が史料に見える最初は延徳二年（一四九〇）で、このとき、承隆寺大源院主の祖庭敬教が秉払をつとめずに龍門寺（岐阜県七宗町）と安国寺の坐公文を受けており、土岐氏の権力を笠に着た所業といわれる。祖庭は大休正念を派祖とする仏源派の僧であるから、承隆寺の開山も同派の人であっただろうという。[21]

谷口研語氏が『美濃・土岐一族』で述べているように、政房はすでに将軍義尚政権下の長享元年（一四八七）頃に美濃国守護に就任した痕跡があり、その後の義稙政権下では、成頼・政房父子のどちらも守護であったかの感がある。そうした政房の動向の中で、承隆寺の史料上の初見である延徳二年（一四九〇）より前に、承隆寺が政房によって創建された可能性は大きい。『岐阜市史』では文明十三年（一四八一）から延徳二年間の創建とする。

ところで、『春浦録』によれば、文明十三年孟夏上澣日の「前住承隆伯先和尚肖像」賛が見え、この年すでに承隆寺住職の座を降り、寺内龍興院に退いていた伯先和尚の存在が明らかになるので、承隆寺の創建は少くとも文明十三年よりさらに前ということになる。(22)

承隆寺跡（西部神社裏側）には、政房の宝篋印塔とともに、「謙叟和尚」在銘の宝篋印塔がある。これは塔の形式上、政房塔（永正十六年）より少し古いと思われる。(23)しかし、文明・延徳期までさかのぼる形式ではない。

先掲した伯先和尚の師の雪庭□栢の塔院として、承隆寺内に「大源」院が建てられていたことから見れば、(24)この雪庭が承隆寺開山である可能性もあるが、今のところ承隆寺開山が誰であるか決定しがたい。

ところで、文明十二年というと二月二十一日に妙椿が卒去し、妙純がその跡を継いだ年である。それと同時に妙純は守護代の利藤と不和になり、八月には合戦にまで発展した。和議が成ったのは文明十三年七月頃と推定されるが、その紛争の最中の文明十二年には、政房が守護を強く意識して自身の菩提寺を建てたのではないか。

五、革手城の終焉

　さて、明応年間の舟田の乱では、尾張の守護代織田氏もこの乱に巻き込まれた。織田敏定は乱中の明応四年（一四九五）七月に陣中で亡くなり、その子近江守も、同年九月に、岩倉の織田兵庫助に大敗して戦死した。その跡は近江守の弟の六郎寛村（とおむら）が継いだものの、永正七年（一五一〇）までに五郎達定（近江守の遺児であろう）に代替わりした。その達定も、永正十年（一五一三）に守護斯波義達の相続争いに巻き込まれて殺害された。このように、尾張でも永正十年までは政情が大変不安定になっていた。

　政房はこうした自国・隣国の状況を見て、濃尾国境至近に在る革手城をより安全な地域へ移転させる必要を痛感した。それで、永正六年（一五〇九）に、長良川北岸の福光（岐阜市）に守護館を移したのである。(25)

　福光移転のすぐあと、永正九年（一五一二）には、持是院家（妙純の子）の斎藤彦四郎が、政房と不和になって尾張へ逃れ、ついで織田氏支援のもとに帰り咲きを目指して墨俣城へ入った。しかし、すぐ政房や大黒丸（又四郎の子、妙純の孫）に攻められ、再び尾張へ逃れた。しかし、こうした濃尾国境近くの戦にも、福光館は全く安全であったといえる。

このように、革手城が使用されたのは康正二年（一四五六）から永正六年（一五〇九）までの五十三年間であったことになる。従来は二百年続いた府城といわれていたのが、わずかにその四分の一の期間に圧縮されるわけである。

しかし、その間には、応仁の乱を避けたりした文人墨客らが京都から革手城に移り住み、土岐氏歴代の府城のうちでは最も繁栄した時期であったことには変わりないだろう。

おわりに

本稿では、革手府城の存続期間について述べるとともに、これと密接に関わる鵜沼府城の存在を推定した。革手府城が二百年もの長期間は到底存在しなかったという私の説は、谷口研語氏に代表されるように否定的な人も多いと思う。そうした状況下での鵜沼府城説は、なおさら受け入れ難いかもしれない。しかし、かかる仮説がいずれの日にか立証されないとは断定できないだろう。たとえば承国寺跡の発掘、とりわけ土塁付近の発掘調査である。また、鵜沼古市場町の弘法堂に所在する宝篋印塔の全銘文調査等である。

承国寺跡北側西端近くの土塁の発掘調査が平成八年（一九九六）に行われた。このときの説明では、中世の鍛冶遺跡か何かの上に、十五世紀終わり頃に土塁が築かれたとのことであった。その鍛冶遺跡とほぼ同じ平面の土塁内側（南側）からは、宝篋印塔の破片とその台座と思われる円環状河原石組が見つかった。破片は笠の隅飾り部分三個で、河戸石製。南北朝時代のものである。つまり、南北朝時代にこの場所に寺があったが、その後、骨壺とともに宝篋印塔もどこかへ移動した。その前後には鍛冶屋もできていたが、のちに土塁が築かれたという推定ができないだろうか。ただし、出土したかわらけなどの陶器は一四〇〇年代の終わり頃のものといわれるので、鵜沼府城築城と推定する文安二年（一四四五）よりも四、五十年後に土塁が築かれたことになる。そうすると、土塁の下層から出土した陶器の編年確定も重要な要素を占めることになるだろう。

いずれにしても、革手府城存続期間の確定には、こうした微細な事項の検証を重ねた上でなければならず、これに関連して、ほぼ定説化した土岐氏歴代の事蹟も、書き換えを要する個所が出てくることもあると思う。今後の研究の進展に期待するところである。

註

（1）　土岐氏の守護館は、『美濃盛衰録』の土岐頼康の条に、「此の人総領職を賜り濃州太守となり、伊勢・尾張の守護を兼ねたり。土岐家の威勢強く成る。然れ共国府長森の地甚だ狭くして国政を執行するに宜しからずして、厚見郡革手と言う所に新城を築き、此方を居城と定め住み給ふ」とあることを引用し、渡辺俊典氏は『土岐氏主流累代史』でこの説を採用しておられるし、阿部栄之助氏も『濃飛両国通史』で「土岐累代記」を根拠として、「土岐頼遠が正平中（観応の頃）厚見郡革手に新城を築きて長森より移る。これより戦国末に至るまで当国の府城たり。又城北に霊薬山正法寺を建て、大医禅師を請じて開山となし、土岐氏一流の氏寺となせり。」と述べている。

（2）昭和四十四年刊の『岐阜県史』では、土岐頼康の項で、「府城長森は地狭く国政を見るには不便であるとして、厚見郡革手に新城を築いて一国の府と定めた。」と述べている。

（3）昭和五十五年刊の『岐阜市史』で、勝俣鎮夫氏は次のように述べる。観応三年（一三五二）、土岐氏の長森城が南軍に攻撃されたという事実（長善寺文書）があるのみで、府城が長森から頼康の代に革手に移ったという記述は、現在のところ確証がない。ただ、頼康の子康行が康行の乱で最後に敗れた際、「光禄（大膳大夫・康行）配所小島城悉没落」（『四天王法記』）とされているから、康行の時には、土岐氏の守護所が、長森ないしは革手におかれていたことも推定され、また、革手城の城北に建立された土岐氏の氏寺正法寺の開基が嫩桂正栄であることから、革手城の築城は頼康の代である可能性があるといえるにすぎない（『明叔録』）。（中略）それゆえ長森城に守護所がおかれたとしても、それほどの繁栄をみせたとは考えられない。府城の本格化およびその城下の繁栄は、革手移転後であろう。そしてこの革手城の繁栄は、斎藤氏との結びつきが大きく影響していたと思われる。この一般状況からいえば、土岐氏の革手城への移転は一五世紀にさがる可能性もあるといえる。

（4）拙著『美濃の土岐・斎藤氏』四八頁。「この鵜沼にはすでに応永年間に頼益によって大安寺が建てられていて、宗円の頃には斎藤氏の菩提寺化の傾向があったので（後述）、革手に府城が定まるまでの一時期、富島氏の攻撃を避けて、持益の守護所が鵜沼に居かれたという大胆な見方も成り立つだろう。」

（5）『満済准后日記』（『岐阜市史』史料編収録）応永二十一年四月四日条に「土岐左京大夫入道円寂、六十四云々」とある。

（6）玉村竹二「中世前期の美濃に於ける禅宗の発展」（『金沢文庫研究紀要』一二号、一九七五年）で、同氏は「東山塔頭略伝」の興善院の条、鈍仲の項によって、建仁寺内の興善院について言及しておられる。

（7）禅蔵寺の中世石造文化財で在銘のものは、拙著『岐阜県の石仏石塔』に収録してある。

（8）『大正新修大蔵経』八〇収録の『智覚普明国師春屋和尚語録』三に、土岐智山性恵禅尼五七忌辰の語があり、「濃州太守前光禄大夫」の母であると判明する。光禄大夫とは大膳大夫頼康（入道善忠）のことである。

（9）『康富記』文安元年九月十日条。
（10）利永の加納築城について、『濃飛両国通史』は、「文安二年八月利永加納城を築く、蓋し美濃錯乱するを以てなり、仍て天満宮を勧請す（今師範学校の西隣に址あり）。」と述べる。
（11）盛徳寺の斎藤宗円墓は宝篋印塔で、銘文は「□白院殿越州太守月庭宗円禅定門霊、宝徳□庚午九月一日」である。宝徳□庚午は宝徳二年、□白院は青白院であろう。拙著『岐阜県の石仏石塔』一五六頁参照。
（12）たとえば土岐市の定林寺跡、御嵩町の愚渓寺跡、八百津町の天寧寺跡まで、中世寺院に土塁で囲まれたものはほとんど見られない。
（13）中世の大安寺には青白院があり、これは盛徳寺宝篋印塔に見られる□白院殿と共通すると考えられ、宗円塔ははじめに加納に造立され、菩提寺も青白院として存在したのであろうが、のち利永によって、大安寺内にも宗円の塔院が建てられたと私は考える。利永は、その墓が大安寺に在ることから、当然大安寺もしくは寺内の塔頭を菩提寺としていたことは間違いない。
（14）この塔は基礎のみである。横三二センチ、高さ二一センチの中型塔で、法名のある面は未調査（コンクリートに埋没）。梅心は、註（6）の玉村論文に「明応五年か六年春頃示寂した。世寿六十。」とされる人で、承国寺で亡くなっている。
（15）拙稿「美濃守護土岐持益とその新出文書・花押について」（『郷土研究 岐阜』五七号、一九九〇年）を参照。
（16）『濃飛両国通史』所載「華頂要略」
（応仁二年）
二月九日より八月迄、革手の塀をほられ候間、毎日二十人宛夫を出候、加様に候間、御年貢半分可納之由申候を、色々申候て、拾貫文余下行仕候、
（17）『大乗院寺社雑事記』（長享元年十月二十二日条）

土岐自身之館、七里計奥ニ引退云々、持是院ハ無為之由聞云々、

（同十一月二十五日条）

持是院陣所ハこひ、川手より八里東也、是心院殿御在所ハかう堂、八里計、こひとの間ハ三里計、土岐殿陣ハほうみ、木曽川をへたつ、

この中で、こひは古井、かう堂は顔戸（旧妙椿隠居所）ほうみは細目（八百津町八百津）と私は推定している（拙著『美濃の土岐・斎藤氏』一三九頁）。細目には土塁で囲まれた東西四五間、南北六〇間の館跡があった（同書）。

（18）『船田戦記』の「船田後記」中、新府主政房に註がある。

去歳（明応四年）九月五日、成頼於池田安国寺、剪其髪名宗安、以国事属政房、而遁城田私宅、

（19）墨俣町の明台寺にある利藤の一石五輪塔には、

明応七年己午正月十二日、玉堂宗珊居士

との刻銘がある（拙著『岐阜県の石仏石塔』二三八頁）。

大垣市赤坂の円興寺過去帳の十二日条に、

斎藤越前守利藤(ママ)

玉堂宗珊

明応七年正月

とある。

（20）『岐阜市史』通史編・原始古代中世七一〇頁参照。

（21）同書七一一頁参照。

（22）東京大学史料編纂所影写本『春浦録』

前住承隆伯先和尚肖像、小師寿得監寺、就余需賛語、不克固辞、書以塞請云、

頂門正眼絶繊埃、簾竹篦頭機峻哉、鼓蕩大源千尺浪、

龍興室内起雲雷、文明十三祀孟夏上澣日、伯先嗣雪庭栢和尚、伯先塔日龍興、雪庭塔日大源、

(23) 拙著『岐阜県の石仏石塔』一六四頁参照。

(24) 『岐阜市史』通史編・原始古代中世七一〇頁の承隆寺の項に、永禄六年の西部神社棟札には「承隆寺の塔頭と思われる大源院主寿盛の名もある。」とし、「天源院は『蔭涼軒日録』延徳二年（一四九〇）八月一〇日の条に、承隆寺僧である祖庭敬教の名が見え、大源院に居所しているとある。」と述べている。

(25) 『美濃国史料・郡上篇』長瀧寺文書

御状之旨令拝見候、仍就福光御構普請之儀、委細承候、今度事者、依別儀惣国人足雖罷出候、上保之内当寺承仕已下寺社之役人并下部等事、被宥免候、可被成其御意得候、委曲御使梅本坊可有啓達候、恐々謹言、

後八月四日　　利綱（花押）

長瀧寺御返報

この文書の後八月四日は、閏八月四日のことで、利綱の活躍時期に照らせば永正六年にあたる。惣国（国中）の人足を招集しての大工事であったことが推察される。

なお、『岐阜県史』史料編古代中世一の宝幢坊文書にも収められている。

【主要参考文献一覧】

秋元信英「土岐一族の抬頭」(『国史学』七五、一九六七年)
石川美咲「戦国期美濃国における後斎藤氏権力の展開」(『年報中世史研究』三九、二〇一四年)
木下聡編『美濃斎藤氏』(岩田書院、二〇一四年)
河内祥輔『日本中世の朝廷・幕府体制』(吉川弘文館、二〇〇七年)
佐藤進一『室町幕府守護制度の研究 下』(東京大学出版会、一九六七年)
高橋範子「雪舟の東遊期の一考察」(『芸術研究』二二、一九九五年)
谷口研語『美濃・土岐一族』(新人物往来社、一九九七年)
玉村竹二『五山禅僧伝記集成』(思文閣出版、二〇〇三年)
玉村竹二「中世前期の美濃に於ける禅宗の発展」(『金沢文庫研究紀要』一二、一九七五年)
玉村竹二監修・瑞泉寺史編纂委員会編 『妙心寺派語録二 瑞泉寺史別巻』(思文閣出版、一九八七年)
西尾好司『新版 土岐頼貞とその一族』(私家版、二〇〇〇年。初版一九九二年)
日本仏教人名辞典編纂委員会編 『日本仏教人名辞典』(法藏館、一九九二年)
平田俊春「土岐頼兼と正中の変」(『日本歴史』四三二、一九八四年)
松原信之『越前朝倉氏と心月寺』(安田書店出版部、一九七三年)
三宅唯美「室町幕府奉公衆土岐明智氏の基礎的整理」(『愛知考古学談話会マージナル』九、一九八八年。その後、柴裕之編著『明智光秀』〈戎光祥出版、二〇一九年〉に収録)

三宅唯美　「守護所革手と正法寺の戦い―『船田戦記』覚書」（齋藤慎一編『城館と中世史料―機能論の探求』高志書院、二〇一五年）
山田康弘　『足利義稙』（戎光祥出版、二〇一六年）
横山住雄　『岐阜県の石仏石塔』（濃尾歴史研究所、一九八六年）
横山住雄　「土岐頼武の文書と美濃守護在任時期」（『岐阜史学』八〇、一九八六年）
横山住雄　「美濃守護土岐持益とその新出文書・花押について」（『郷土研究 岐阜』五七号、一九九〇年）
横山住雄　「雪舟の来濃と革手・伊自良」（『中山道加納宿』四〇、二〇〇二年）
横山住雄　「臨済宗五山派・美濃承国寺の興亡史」（『花園大学国際禅学研究所論叢』三、二〇〇八年）
横山住雄　「臨済宗五山派・美濃正法寺の興亡史」（『花園大学国際禅学研究所論叢』五、二〇一〇年）
横山住雄　「臨済宗五山派としての美濃国の瑞龍寺」（『花園大学国際禅学研究所論叢』八、二〇一三年）
立命館大学文学部研究室編　『校註 富岡本新葉和歌集』（立命館出版部、一九三八年）
渡辺俊典　『美濃源氏土岐氏主流の史考』（土岐氏歴史研究会、一九六七年）
渡辺俊典　『土岐氏主流累代史 全』（岐阜県瑞浪市土岐氏主流累代史全発行会、一九八八年。一九九三年再刊）
『岐阜県史』通史編古代（一九七一年）
『岐阜県史』通史編中世（一九六九年）
『岐阜市史』通史編 原始・古代・中世（一九八〇年）
『新編一宮市史』本文編（一九七七年）

【初出一覧】

第Ⅰ部　源氏の名門・土岐氏の興亡（新稿）

第Ⅱ部　土岐氏の歴史を掘り下げる

Ⅰ　「土岐長山頼元の新出史料について」（『美文会報』五一二、二〇一三年）

Ⅱ　「中世前期の久々利東禅寺について」（『美文会報』四五四、二〇〇八年）

Ⅲ　「「可児郡寺院明戸帳」に見える久々利円明寺の由緒」（『美文会報』四四二、二〇〇七年）

Ⅳ　「土岐久々利氏の史料追加」（『美文会報』五一八、二〇一四年）

Ⅴ　「土岐市妻木町崇禅寺調査行記録」（『美文会報』二五四、一九八九年）

Ⅵ　「土岐明智氏と妻木氏の系譜補正（上）」（『濃飛の文化財』三七、一九九七年）

Ⅶ　「土岐明智氏と妻木氏の系譜補正（下）」（『濃飛の文化財』三八、一九九九年）

Ⅷ　「土岐氏の守護館の移動――特に革手・鵜沼府城について」（『岐阜史学』九七、二〇〇一年）

【著者紹介】

横山住雄（よこやま・すみお）

昭和20年（1945）、岐阜県各務原市鵜沼生まれ。犬山市役所退職後、犬山市にて行政書士事務所を開設。業務の傍ら、濃尾地方の中世地方史並びに禅宗史を研究し、周辺地域に残された多くの歴史・宗教史の基礎史料を丹念に猟集し執筆することで定評がある。令和3年（2021）逝去。

著書に『武田信玄と快川和尚』『織田信長の尾張時代』『斎藤道三と義龍・龍興』『斎藤妙椿・妙純』（いずれも戎光祥出版）、『中世美濃遠山氏とその一族』（岩田書院）など多数。

装丁：川本 要

中世武士選書　第50巻

美濃土岐氏（みのときし）
――平安から戦国を駆け抜けた本宗家の戦い

二〇二四年四月一〇日　初版初刷発行

著　者　横山住雄
発行者　伊藤光祥
発行所　戎光祥出版株式会社
東京都千代田区麴町一―七
相互半蔵門ビル八階
電　話　〇三‐五二七五‐三三六一㈹
ＦＡＸ　〇三‐五二七五‐三三六五
編集協力　株式会社イズシエ・コーポレーション
印刷・製本　モリモト印刷株式会社

https://www.ebisukosyo.co.jp
info@ebisukosyo.co.jp

ISBN978-4-86403-504-0